短文読解問題集

―もっと気軽に楽しく読書を―

和田幸長
WADA Yukinaga

文芸社

目次

第一章　この問題集の目的

この問題集は、勉強が苦手な中学生や高校生のために使用された問題をまとめたものです。

そもそも勉強が嫌いなのに、「勉強しろ」「宿題をしろ」と言ってもやってくれません。ですから、無理に教科書的な勉強をさせることをせずに、読んで考える習慣をつけることだけに絞った問題を作りました。

きちんと読む習慣さえつければ、教科書や参考書の文章も少しずつ理解できるようになり、そして理解できれば勉強も面白くなるということです。

勉強が苦手で、学校以外では読書なんて全くしないような人には、「ありがたい話」や「素晴らしい文章」を無理に読ませようとしても読んでくれません。

ですから、「面白い話」や「すぐに読み終わる文章」を視点に、問題を作成しました。

勉強しようとして無理せずに、ゲームやパズルのような感覚で気軽に解いていただけると幸いです。

大人も楽しめる内容になっていますので、ぜひ親子で一緒に読んでいただいて、会話のきっかけにでもなればと思います。

一　この問題集で解決しようとする課題

文章を読む力と、そこから何かを考える力を鍛えるのが目的です。ですから、無理に答えを出す必要はありません。そのかわり、各問題で最低でも五分くらいは考えるようにしましょう。

また、解答は一つではありません。さまざまな答え方が可能です。ですので、本書での解答と同じでなくても、考え方が理解できていればすべて正解です。もしかしたら、もっと素晴らしい解答があるかもしれません。

第二章　問題編

一　海よさらば

「あれですか?」芝生にホースで水をやっていた主人はふりかえって笑った。「そばへよってよく見てごらんなさい」

そこは海べの家で、低い垣でかこわれた庭のむこうが、すぐ遠浅の泥海の干潟《ひがた》につづいている。

私は、芝生の上にしゃがみこんだ。――さっきから、ぬれた芝生の上を、小さな灰色のものがたくさん、ぴょんぴょんとびはねるように動きまわっている。細長い形をしているから蛙《かえる》ではない。小さなバッタかと思ったが、頭上に大目玉がとび出し、あしがないみたいだった。

「魚だ!」一匹に眼を近づけた私は思わずさけんだ。

「トビハゼの一種です。有明海の方でムツゴロウといっているのに似た種類ですね」と主人はいった。「この庭にすみついて、もう海へかえらないんですよ。もともと干潟の上、水の外をかなり長い間動きまわれる魚ですがね。最近海がひどく汚れたのをいやがってか、芝生に毎日水をまいていると、集まってきてすみついてしまって、――だから冬でも水をまいてやるんです」

「自然もだんだんおかしな事になりますな」私はかたわらのみぞの中をのぞきこんでつぶやいた。

「よほど水が汚れてるんですね。みぞの中で一匹死んでる」

「　　　たんですよ」と主人は肩をすくめた。

（後略）

問題

魚がみぞの中で死んだのは、なぜですか？

解答例は、143ページ

二　やせたい王様

「わしはどうしてやせないのだ」とふとった王さまは、ふきげんそうに侍医にむかっていった。「運動はいわれたとおりにやっているのに、ぜんぜんやせないぞ」

「おそれながら……」と侍医はいった。「運動なさったあと、お食事をおめし上がりすぎますので……」

「運動したら、腹がへるのはあたり前ではないか！」と王さまはどなった。「お前のくれたやせ薬もちっともきかん」

「お薬も運動も、お食事をおへらしにならなければ効果がございません。王宮のコックにお食事の調節をするよう申しつけましたが、そうなると、街へお出かけの節、大変お召し上がりになるそうで、それでは……」

「しかし、街へ出かければ、うまそうなものがいっぱいあって、つい食べとうなるわい！」王さまはかんしゃくを起こしてどなった。「そもそも、国中どこへ行っても、あんなにうまそうで、ふとりそうな食物が、いっぱいあるのがいかんのだ！」

その小さな王国が、まわりの国々に、理くつにもならない理くつをつけて戦争をはじめた時は、まわりの国も、その国の国民もびっくりした。——戦争は長くつづき、たくさんの人が死に、その国の経済は荒廃し、国民は飢えに苦しんで、草や木の根を食べ、餓死するものもたくさん出た。ついに外国の軍隊がその国を占領し、王さまをつかまえた時、王さまはがりがりにやせた腕をひろげて、外国軍の司令官にいった。

「　　　　　　　　　　　　　　　　　　　　　　」

問題

王さまは、なんと言ったのでしょうか?

解答例は、１４４ページ

三　どうせ、おんなじ

みなさんにもなじみの深い「ガリヴァー旅行記」の作者、スウィフトが、ある時、下男※をつれて、田舎を旅行したことがありました。

朝、宿やを出かけようとすると、下男が、どろだらけの長グツを持ってきて、スウィフトの前にそろえました。スウィフトはむっとしました。

「おい、これは、どうしたんだ。あらっておかなかったのかい。」

「あいすみません。だんな様。でも、あらったって、おんなじことでございますよ。きょうも、また、どろんこの道をお歩きになるんですから……。」

それを聞くと、スウィフトは、だまって、その長グツをはきました。

ふたりは、ぬかるみの多い、いなか道をとぼとぼ歩いているうちに、やがて昼になりました。下男は腹が減ってきたので、昼食をとりたいと思いましたが、主人は平気な顔をしています。

下男はたまらなくなって、

「だんな様、とうにお昼が過ぎましたよ。」

と、気をひいてみました。

しかし、スウィフトは、「ああ、そうかい。」と言っただけで、どんどん歩いています。

「だんな様、どこかで、お昼食をなさいましては……。」

また、さいそくされたので、皮肉なスウィフトは言いました。

「　　　　　　　　　　　　　　　　　　　　　」

※編集部註　下男……男の召使のこと。

問題
スウィフトは、なんと言ったのですか?

解答例は、145ページ

四　幽霊

幽霊が出る、といううわさをきくと、わざわざ出かけて行く物好きな連中がいる。私とHも、その物好きな連中の一人だった。たずねていった先は、ひどい田舎の、田んぼの中にある、古びた汚ない宿屋だった。

「またけえ?」と、中年の女中は、用件をきいて、露骨にいやな顔をした。ギシギシ鳴る、根太《※ねだ》のぬけそうな廊下をわたって、私たちは、小さな離れ屋に通された。壁はしみだらけ、畳はぶくぶくのカビくさい六畳だった。

「出るのは夜中だ。ことわっとくが、十時すぎたら、どんなによばわってもこないよ」

覚悟の上だ、と、私たちは、貧弱な夕飯を食べ、じめついた布団で、宵のうち一眠りした。――むしあつい晩だった。夜中に起きて、そろそろ出るころだと思いながら、Hと酒を飲んでいると、電灯が消えた。いよいよ出るな、と思いながら、息を殺して待ちつづけたが、あけはなった障子のむこうをホタルがとぶだけで何も出ない。その上、えらい蚊《か》だった。私とHは、ブンブンおそってくる蚊に悩まされ、体中をボリボリかきながら、とうとう一晩中まんじりともしなかった。

「出たべ？」と、翌朝女中はさぐるようにいった。

「何も出るもんか。ホタルだけだ」と、私はふくれていった。「おまけにひどい蚊だった。※蚊帳《かや》ぐらいつってくれりゃいいのに……」

「やっぱり出たでねえか！」と女中は眼をむいた。「　　　　」

私は思わずHと顔を見あわせた。――二人とも、ゆうべあんなにさされたあとは、一つものこってなかった。

※編集部註　根太……家の床を支えるための部材のこと。
　　　　　　蚊帳……蚊や害虫などを防ぐ網のこと。

問題
どんな幽霊でしたか？

解答例は、１４６ページ

五　職業病――

「さて、そろそろ行かないと……」

　腕時計に目をやって、五万円ほどの現金をズボンのポケットに裸のまま入れると、私は立ち上がって玄関へ向かった。

　よく磨《みが》き込まれた長い廊下の途中に、電話が置いてある。それを横目に見ながら、通りすぎようとしたとき、けたたましい呼出音が鳴った。

　ハッと気がついたときには、すでに受話器を取り上げて、耳に当てていた。

　完全に職業病だ――

「電話はコール二回以内に取れ！」と、うるさく課長に怒鳴られ続けたせいだ。会社を辞《や》めて三ヵ月以上経《た》っているというのに、今でも電話が鳴ると身体が反応してしまう。

　溜息《ためいき》が出た。

　まあ、それでも、「はい、第一営業部。山崎《やまざき》です」と言わなかっただけ良かった。恥ずかしいことだが、自宅にいるにもかかわらず、受話器を取り上げて、そう口走ってしまったことが何度もあるのだ。

「もしもし」

受話器から男の声が聞こえてきた。私は、仕方なく応じた。

「はい……」

「もしもし？」

「はい？」

「もしもし！」

舌打ちした。こっちは急いでいるのだから、早く用件を言って欲しいものだ。

「はい、なんですか？」

不機嫌をむき出してそう言ってやった。

相手は突然怒った。

「なんですか、だと！　お前誰だ！」

私は、我を忘れて怒鳴った。

「あんたこそ誰だ！　何の用だ！」

「俺は、その家の主人だ！　お前いったい誰だ！　俺の家で何して——」

電話を切った。

ハッと気がついたときには、ハンカチを取りだして、受話器を丁寧《ていねい》に拭《ふ》いていた。

問題

最初に電話をとった人は、何をしていたのか説明しなさい。

解答例は、147ページ

六　ナポレオンと新兵

ナポレオンがまだ連隊長だったころ、かれは自分の連隊を検閲《けんえつ》する時、きっと新兵に向かって、三つの質問をした。

「おまえは、いくつになるか。」「入隊してから、どのくらいたつか。」「たべ物と着るものは、十分にもらっているか。」

いつも、この三つをこの順序でたずねた。

フランスの軍隊には、植民地から入隊する者も多かったが、植民地からの新兵は、フランス語ができなかった。そこで、小隊長は、検閲の前日、これらの新兵を集めて、フランス語で、質問に答えられるようにしようと思った。三つの質問は、順序がきまっているのだから、第一の時は、こう。第二は、こう。第三は、こうと、棒暗記をさせた。

検閲の当日、ナポレオンは、ひとりの新兵の前に立ちどまった。しかし、きょうは、いつもと問いの順序を変えて、質問した。

「おまえは、入隊してから、どのくらいたつか。」

「満二十年であります。」

新兵は、フランス語でよどみなく答えた。ナポレオンはびっくりした。まだ二十代の青年が、隊に二十年も勤続するはずがない。連隊長は、改めて問い返した。

「おまえは、いくつになるのか。」

「三ヵ月であります。」

新兵は、待っていましたとばかり、教えられた第二の答えを答えた。ナポレオンは、ますます、わからなくなった。

「これじゃ、おまえの頭がどうかしてるか、おれの頭がどうかしてるか、どっちかだ。」

「　　　　　　　　　　　　　　　　　　　　」

問題
最後に新兵は、なんと答えたのですか？

解答例は、１４９ページ

七　眉から

　女であるからには、そして職業に就くからには、彼女も女の美しさを売物にする職業を選びたくないことはなかった。しかし、誰《だれ》も彼女を美しいとは言ってくれなかった。彼女は化粧が禁じられている職業についた。

　ところが或《あ》る日、彼女を呼びつけた監督は、

「君は眉を描《か》いているね。」

「いいえ。」と、彼女はおどおど指に唾《つば》をつけて眉をこすって見せた。

「剃《そ》って形をつくっているだろう。」

「いいえ、生地《きじ》のままです。」と、半ば泣き出してしまった。

「ふうん。とにかく君ほどの美しい眉なら、こんなところにいなくたって食って行けるだろう。」

　監督は馘首《※かくしゅ》の口実を彼女の眉に見つけたのだった。彼女は自分の眉の美しさを初めてはっきり知った。それは職を失った悲しさを忘れさせる程の喜びであった。自分にも美しいところがある。彼女は結婚する自信を得た。

夫は眉が美しいとは言わなかった。彼女の乳房が美しいと言った。背が、そして膝《ひざ》が、美しいと言った。それから、それから。彼女は自分の体に余りいろいろと美しさがあると教えられて、幸福に酔いしびれた。

しかし夫が彼女の体の美しさを捜しつくした時、どうなるのかと思うと、自分に何一つ美しさがないとあきらめていた頃の安らかさが、なつかしく思い出されるようになって来た。

※編集部註　馘首……雇い主が使用人を辞めさせること。

問題
なつかしく思い出されるようになったのは、なぜですか？

解答例は、１５０ページ

八　早すぎる賀状

毎年十一月になると、彼は何となくおちつかない気分になる。というのは、ここ数年来、毎年十一月一日に、一通だけ、知らない人からの年賀状がまいこむからだ。それも次の年のものではない。二年先の年賀状である。

最初は物好きなやつのいたずらだと思った。しかし消印はちゃんと二年先の正月の日づけになっている。葉書も郵政省の発行のお年玉つきのもので印刷もちゃんと二年先のものになっている。郵便局でしらべてもらったが、首をひねるばかりでさっぱり原因がつかめない。気味が悪いので、一度は差出人の住所をたずねてみたが、その時はその住所にそんな名前の人間は住んでいない。しかし、その賀状をうけとって二年の間に、彼はいつの間にかその名前の人と知りあい、その人物は賀状の住所にひっこしてくるのである。賀状を二年二ヵ月も先にうけとっているのだから、はじめて知合った時、気がつきそうなものだが、仕事の関係上、名刺をかわす人も多く、いつもたまった賀状の返事を出す時に、あ、あの人だったと思うのだった。理由をしらべてもわからないので、どうせSFでいう「時間の断層」とかだろう、と思って詮索《せんさく》をあきらめた。

ところが、今年は十一月にはいっても「未来の賀状」はこなかった。――やんだのかな、と思っていると、二十日すぎになって、ふつうのはがきが、彼の妻あてに舞込んだ。それをひと目見て、彼はまっさおになった。

「松もとれて世間もようやくおちつきましたが……」と、二年先の消印を押した葉書には書いてあった。「

」

問題

「彼はまっさおになった」のは、なぜですか？

解答例は、151ページ

九　これ以上短縮できない探偵小説、または、髪の毛一本が運命の分れ目、または、超ミニ殺人ミステリ

謎はいまやそのクライマックスに達していた。第一に、その男の死が他殺であることは、疑う余地がなかった。第二に、だれか不明の人物がそれを行なったのであることは、絶対確実だった。

というわけで、いまこそかの偉大な探偵の出馬を仰ぐべきときだった。

彼は死体を一瞥《いちべつ》すると、すぐさま顕微鏡を取り出した。

「はは!」そう言いながら彼は、死人の上着の衿《えり》の折返しから、一本の毛髪をつまみとった。

「これで謎は解けたぞ」

彼はその毛髪をかざした。

「いいかね」彼は言った。「あとはこの髪の毛をなくした人物を捜しだせばいいだけだ。それで犯人は御用だよ」

論理の鎖は完璧だった。

探偵は捜索にのりだした。

それから四昼夜、彼は人知れずニューヨークの街路を歩きまわり、すれちがう通行人の顔を片っ端から仔細にのぞきこんでは、一本の毛髪を失った男を捜した。

五日目、彼は旅行者を装ったひとりの男を見つけた。その男の頭部は、耳の下までくる大きな船員帽に隠されていた。

男は汽船〈グロリタニア〉号に乗りこもうとしているところだった。

探偵はその男をつけて船に乗りこんだ。

「そいつを逮捕しろ！」言うなり彼は、せいいっぱいのびあがって、高々とあの髪の毛をふりかざした。

「これはその男のものだ」と、高名な探偵は言った。「これが彼の有罪を証明している」

「彼の帽子を脱がせろ」船の船長がきびしく言った。

船員たちはそれにしたがった。

男の頭はつるつるに禿げていた。

「は！」偉大な探偵はいささかもためらうことなく言った。

「なんということだ！　そいつの犯した殺人は、一件だけじゃない」「そいつはたった一件の殺人を犯しただけじゃない――百万件も犯してるんだ！」

問題

なぜ探偵は、男が百万件も殺人を犯していると考えたのですか？

解答例は、152ページ

一〇　オートナイ――

「耳よりな話があります」

と、オートバイ会社の技術部長は、社長にいった。

「どんな話だ？」と社長はきいた。

「実は、新技術をつかった、新製品の売りこみで…」

「インチキじゃないだろうな？」

「今まで、しらべたかぎりではそんなことはないようです。――ただ、原理面でちょっと、よくわからない所がのこってますが」

「いったいどんな新製品だね？」

社長はやっと体をのり出してきた。

「音のぜんぜんしない、オートバイです」

「というとつまり――新しい消音器《マフラー》の発明ということか？」

「そういうことですな」と部長はいった。

「しかし、音がぜんぜんしないオートバイというのは考えものだぞ」と社長はいった。

「若い連中が、オートバイをぶっとばす快感の一つは、あのものすごい音にあるとも考えられる」

「そのオートバイは、スイッチ一つで音を消したり、出したりすることができるんです」

「ふーむ」社長はうなった。「面白そうだ。――いくらで売るといっている」

「風変りな男で、新製品と一切の権利を五十万円で売るといってます」

「よし――」と社長はいった。「君にまかせる。ちょっと安すぎるみたいだが、インチキとしても大した損ではない」

＊

口のとんがった、妙な男は、五十万円の現金をうけとって、だまって立ち去った。

――音のしないオートバイは、一見ふつうの百二十五ccクラスとかわらなかったが、よくみると消音器《マフラー》に一面フサフサと毛のようなものがはえていて、これが新しいアイデアらしかった。――エンジンをふかしてみても、スイッチをいれてあると、本当に、まるっきり音がしない。しかし、馬力はちっともおちていない。「これは夜間用なんかによろこばれるぞ」

試走場を音もなく走るオートバイを見ながら、部長はつぶやいた。

「新製品には、オートナイと名づけよう」

その時、試走場に、一匹の犬がまぎれこんできた。——犬は走るオートナイを見ると、はげしく吠《ほ》えたててあとを追った。ライダーがしっしっと追ったが、犬はますます吠え、オートナイは、ライダーの意思に反して、狂ったように走り出した。

「アッ」と部長は叫んだ。

「アッ」と地面に投げ出されたライダーも叫んだ。

——犬に追われたオートナイは、

稲荷《いなり》の社の方に消えた。

そこまで追いかけてきた時、部長は、もう一度アッと叫んだ。

——社の前には、五十万円分のアブラゲが、山のようにつみあげてあったのである。

問題

犬に追われたオートナイは、どうなったのでしょうか？

解答例は、１５４ページ

一一　心中

彼女を嫌《きら》って逃げた夫から手紙が来た。二年ぶりで遠い土地からだ。

（子供にゴム毬《まり》をつかせるな。その音が聞えて来るのだ。その音が俺《おれ》の心臓を叩《たた》くのだ。）

彼女は九つになる娘からゴム毬を取り上げた。

また夫から手紙が来た。前の手紙とは違う差出局からだ。

（子供を靴《くつ》で学校に通わせるな。その音が聞えて来るのだ。その音が俺の心臓を踏むのだ。）

彼女は靴の代りにしなやかなフェルト草履を娘に与えた。少女は泣いて学校に行かなくなってしまった。

また夫から手紙が来た。第二の手紙から一月後だが、その文字には急に老いが感じられた。

（子供に瀬戸物の茶碗《ちゃわん》で飯を食わせるな。その音が聞えて来るのだ。その音が俺の心臓を破るのだ。）

彼女は娘が三※つ児《ご》であるかのように自分の箸《はし》で飯を食わせた。そして娘がほんとうの三つ児であり夫が楽しく傍《そば》にいた頃《ころ》を思い出した。少女は勝手に茶簞笥《ちゃだんす》から自分の茶碗を出して来た。彼女は素早く奪い取って庭石の上に激しく投げた。夫の心臓が破れる音。突然彼女は眉毛《まゆげ》を逆立てて自分の茶碗を投げつけた。しかしこの音は、夫の心臓が破れる音ではないのか。彼女は食卓を庭へ突き飛ばした。この音は？　壁に全身をぶっつけて拳《こぶし》で叩いた。襖《ふすま》へ槍《やり》のように突きかかったかと思うと、襖の向う側へ転がり出た。この音は？

「かあさん、かあさん、かあさん。」

泣きながら追っかけて来る娘の頬《ほお》をぴしゃりと打った。おお、この音を聞け。

その音の木魂《こだま》のように、また夫から手紙が来た。これまでとは新しい遠くの土地の差出局からだ。

（お前達は一切の音を立てるな。戸障子の明け閉めもするな。呼吸もするな。お前達の家の時計も音を立ててはならぬ。）

「お前達、お前達、お前達よ。」

彼女はそう呟《つぶや》きながらほろほろと涙を落した。そして一切の音を立てなかった。永久に微《かす》かな音も立てなくなった。（後略）

※編集部註　三つ児《ご》……三人の子ではなく、三歳の子という意味です。

明け閉め……原文のママとしています。

問題
彼女と娘はどうしましたか？

解答例は、155ページ

一二　創造の喜び

「お茶がはいりました」ロボットが部屋にはいってきた。「何をなさっているんです？」

「うるさい！」夢中になって図面をひいたり、布をひっくりかえしたりしながら、彼はいった。

「今いそがしいんだ。――ここをこう……」

「おてつだいしましょうか？」

「ほっといてくれ。いま、〝最小の工数で人体下部をおおう衣料〟をつくる方法を研究中なんだ」

「そんな事でしたら……」ロボットは机の上をのぞきこみながらいった。「私がすぐに……」

「だまってろ！」彼はいらいらとどなった。

「これは、おれが思いついた問題なんだ。おれが自分で解答を見つけてみせる。――すみに行ってろ！」

汎用《はんよう》家庭ロボットは、いわれた通り、部屋のすみに行って、電子眼をギョロつかせながら主人のやる事を見ていた。

「うんそうか！――わかったぞ！」

彼は図形を勢いこんで修正し、それから長い布を眼にもとまらぬ早さで切り、ポータブルミシンを動かした。

「できた！　ついに発明したぞ！」彼は布をふりまわしながら室内をとびまわった。「ここをこうするね。これでいい――どうだ、これ以上すくない工数、単純な形のものは、ほかに考えられまい」

「お言葉をかえすようですが……」ロボットは抑揚のない声でいった。「それと同じものはもう数百年も前に日本で使われていました。原型は数千年前にさかのぼります。百年ほど前にすたれましたが……名称をエッチュウフンドシといいます」

「そんな事どうだっていい。おれは自分の力で、これを発明したんだ。お前の助けなんかかりずにな……」

彼はロボットにむかって眉《まゆ》をしかめて見せた。

「お前はたしかに何《なん》でも彼《か》でも知っているさ。だけど創造や発明はするまい」

「それに似た事はいたします。――適当な問題さえあたえられれば、今まで一度も発見されなかった組みあわせを見つける事があります」

「だけどな、どんなつまらない問題、とうの昔に答えが出ている問題でも、
。どうだ、くやしいか？」
ロボットは機械だからくやしがりなどしなかった。——できたての越中褌《ふんどし》をズボンの上からつけてとびまわっている主人を無表情に見ているだけだった。

問題

彼は、なぜロボットに向かって「くやしいか」といったのですか？

解答例は、156ページ

一三　灰色の袋

「ああ、いそがしい。時間がほしい」

私は書類に目を通しながら呟《つぶや》いた。

オフィスの裏通りにあるレストラン。夜の九時には店を閉める。客は私以外にだれもいなかった。いや、少なくとも私が店に入ったときはそうだった。

今夜は徹夜の残業になるかもしれない。その前に腹ごしらえをしておこう。ミニッツ・ステーキを注文した。

「お待ちどおさま」

主人がテーブルの上に皿を置く。

料理を口に運びながら私はなおも書類の数字を拾い続けた。

「時間がほしい」

もう一度呟いた。ひとりごとを言うのは私の癖である。

「あげましょう。一日一時間でよろしいですか」

突然、声をかけられ驚いて顔をあげた。店の主人ではない。様子から察して客らしい。

――いつ入って来たのかな――

私は書類に気を取られていたので気づかなかったにちがいない。

「えっ」

「だから時間をあげましょう」

「時間を……くれる？」

「はい。私もちょうどお譲りしたいと思っていたときですから」

「ほう」

頭がおかしいのではあるまいか。

「手を出してください」

まじめな声に誘われ、私は両手をさし出した。男も両手を出し、ポンと私の掌を叩く。

「たしかにあげましたよ」

そのまま店を出て行こうとしたが、ふと思い出したみたいに振り返り、

「あ、そう、そう。だれかに譲りたくなったら、あなたも今と同じことをしてくださいね。〝時間がほしい〟って叫んでいる人を見つけて」

男はそのままスーッと影法師のように歩いて店を出て行った。

男の言ったことは本当だった。

一日一時間……。

でも時間て、どんな形をしていると思います?

私は知らなかったなあ。

説明するのが、とてもむつかしい。言ってみれば、袋のようなもの。黒くもなければ白くもない。

灰色みたいな色合い。それが突然降って来て、頭にかぶさる。なにも見えない。なにも感じない。なにもわからない。ただ、

——ああ、時間がたっていく——

ぼんやりとそんな感覚だけが続く。

それが、きっちりと一時間……。

急に袋が消え、気がつくと、さっきと同じ状況が目の前に広がっている。途絶えていた時間がつながり、ふたたび動き出し、私の意識が戻って来る。

毎日それがある。

たしかに私はあの男から一日一時間、譲り受けたらしい。でも、なんの役にも立たない。ただの灰色の袋……。

しばらくこの袋とつきあっていたが、もう私も飽《あ》きてしまった。わずらわしい。うっとうしい。頭がおかしくなりそうだ。だれかに譲りたい。

――時間なんて、ただの灰色の袋なんだ――

それはよくわかった。私は今、それでなくても足りない時間を使って〝声を〟捜している。

「時間がほしい」

だれか私のそばでそう叫んではくれまいか。

問題

せっかく時間を手に入れたのに、なぜ譲りたいと思ったのですか？

解答例は、157ページ

一四　笑顔でギャンブルを

　ここ数日、ホシ夫人はめまぐるしい毎日を送っていた。人類初の火星行きロケットが打ち上げられ、夫がその栄誉ある飛行士として旅立ったからだ。地球から火星までは充分に遠い。時速五万キロのスピードで飛んでも三ヵ月余りかかる道程である。

　夫人は宇宙基地でロケットの出発を見送ったあと、次々にテレビのワイド・ショウに引き出され、そのあいまをぬって新聞雑誌のインタビューに応じ、知人、友人の訪問を受け、見ず知らずの人から激励の電話や手紙をもらい……夫はロケットの中で孤独な旅を続けているというのに、地球に残った夫人のほうは、来る日も来る日も大勢の人に囲まれ、話題のタネにされ、テンテコ舞いの生活を送らなければならなかった。

　それでもロケットが出発して一週間もすると、夫人のいそがしさもいくぶん下火になった。せわしない現代では、さして変化のない話題にそう長く興味を持つことができない。次はロケットが無事に火星に到着する日まで、夫人が話題のヒロインになるのは、しばしお預けとなったらしい。

　やがて三ヵ月がたち、

――もうぼつぼつかしら――

ホシ夫人は自宅のソファにくつろいで、夫の安否をあれこれ思いめぐらしていたが、その時玄関のブザーが鳴った。

「奥さま、こんにちは」

ドアをあけると、思いがけず宇宙開発局の長官が笑顔で立っていた。

「あ、これは……。いつぞやはどうもお世話になりました」

この長官とは、夫の出発前に何度も顔を合わせていた。とりわけ壮行パーティの席上では、長官が次から次へと楽しい冗談を並べて、不安な夫人の気持ちを引き立ててくれたのをよく覚えている。

「ちょっと近くまで来たものですから陣中見舞いに立ち寄りましたよ」

「恐れ入ります。どうぞおあがりになってくださいませ。狭いところですが……」

「いえ、いえ、どうぞおかまいなく……。今日はいいお天気ですな」

長官はニコニコ笑いながら世間話を始めた。夫人がコーヒーを入れ、カップを置きながらソファのすみに腰をおろすと、

「ところで奥さま、妙なことをお尋ねしますが、奥さまは火星に動物がいるとお思いですか?　微生物やアミーバなんかじゃなく、発達した高等動物が……」

夫人は、夫の旅先である火星について、ある程度の知識は持っていた。火星は水も空気もとぼしく、高等動物が住む可能性はゼロに近い、と聞かされていた。

「いないんじゃございませんの」

「ほう。私はいるような気がするんですが……これはおもしろい。賭けましょうか？」

「賭け……ですの？」

「ええ」

「よろしいですわ」

「いくら賭けましょうか」

「いくらでも」

どうせ長官お得意の冗談だろう。

「自信がおありですな。これは世紀のギャンブルですから、大きく百万円ほどいかがですか？　奥さまは火星に高等動物がいない。私はいるということで」

夫人はイタズラっぽく笑って、

「結構ですわ。どうせ私の勝ちですもの」

長官はいかにもそれを認めるように、ウン、ウンとうなずき、それから急に声をひそめて言った。

「ところで奥さま、ご主人はただ今の時間、どこにおいでですか」

「もう火星に着いている頃かしら」

「そうですよ」

長官は勝ち誇ったように、

「ご主人は高等動物じゃないんですか」

「あ……。火星に動物がいるかって……主人のことですの？　ひどい……」

「ひどいことはないでしょう。ご主人は高等動物です。ご主人は火星にいます。だから火星には高等動物がいる。簡単な三段論法じゃありませんか。私の勝ちですよ。さ、お約束のお金をいただかなくては……」

長官の表情は急に真剣になった。とても冗談を言ってるようには見えなかった。不安が夫人の心をかすめた。

――この人、本当にお金を取るつもりじゃないのかしら？

夫人は作り笑いをしながら、

「ひどいお話ですこと」

「百万円は大金ですか」

「もちろんですわ」

長官は夫人の戸惑う様子をなめるように見つめていたが、
「奥さま、心配はいりません。よいお知らせがあります。実は、賭けは奥さまの勝ちなんですよ」（後略）

問題
どうして夫人は、賭けに勝ったのですか？

解答例は、158ページ

一五　よびかける石

良夫くんの四つになる妹のチコが、このごろ、こわい夢をみて夜中に泣きだすようになった。

「こわいよう。こわいかっこうをしたおばけが空からおりてきて、チコにおいでおいで、するよう」

チコはそういって夜中に目をさましては、おかあさんにかじりつき、火がついたように泣くのだ。

こんなことが一週間もつづくとチコはだんだんやせおとろえ、病気みたいになってしまった。

お医者さんにきてもらったが、いっこうにききめがない。

「こまったわね」

おかあさんは心配して、自分も病人のようになってしまった。

「二、三日チコをつれて、いなかにいったらどうだ。都会はやかましいので、チコも神経質になるのだろう」

と、おとうさんはおかあさんにいった。

「そうしますわ。あなたたちも、ねむれないとこまるでしょうから」

よく日、おかあさんはチコをつれて、いなかのおじいさんの家へいった。

その晩――良夫くんはおとうさんとふたりきりで、なんとなくさびしいな、と思いながら、ふとんをならべてねた。

ねるまえに、ふと部屋のすみを見ると、チコがいつもまくらもとにおいてねているオモチャ箱があった。

良夫くんは、なんとなくチコのことを思いだしながら、その箱をひきよせ、オモチャをいじっているうちにねむってしまった。ねむっているうちに、良夫くんはおそろしい夢をみた。


――あたりには見たこともないウロコのある木や、シダのような大きな草が、いっぱいしげっていた。あたり一面どろ沼で、トカゲみたいなものが、ニョロニョロはいまわり、三十センチもあるトンボがとびまわっている。

と、空から銀色のまるい皿のような乗り物が、火をふきながら落ちてきて、岩にあたってこわれた。

　すると、中からへんなブヨブヨした角をはやし、目が六つもあるナメクジのような生物が、ぞろぞろとでてきたのだ。

　その生物は、こちらにむかってまるで助けをもとめるように、三本指の手をゆり動かしている。

　それから暗い空に浮かんだまるい星がうつり、その上の一点に光がかがやいていた。

　――良夫くんはあまりのおそろしさに、叫び声をあげてとびおきた。

「おとうさん、ぼく……」

　良夫くんは、ふるえながらいった。

「おまえもみたのか？」

　おとうさんの顔もまっさおだった。ふたりの目はどちらからともなく、まくらもとのオモチャ箱にそそがれた。その箱が、なんとなくあやしいような気がしたからだ。

　いそいで箱をひっくりかえしてみたが、なにも変わったものはなかった。箱の底から妙なかっこうをしたツルツルの石がでてきた。

「これは？」

　おとうさんがきいた。

「ああ、それは一週間ほどまえにチコがどこからかひろってきたんだよ」

「一週間まえ？　じゃ、チコがあの夢をみはじめたころだな」

おとうさんはなにを思いついたのか、その石をもって玄関へいき金づちでその石をくだいた。中からでてきたのは、へんな円筒形をした小さなものだった。

「やっぱり、そうだ……」

おとうさんは、虫めがねをのぞきこんでうなった。

「これは、なにか特別な通信機だよ」

「通信機って、ラジオみたいなもの？」

「いや、一種のテレビのようなものじゃないかな。目や耳を通じないで、ちょくせつ人間の心の中に知らせるんだ。むろん地球のものじゃない。おそろしくすすんだ機械だ」

「じゃ、それでぼくたちに夢をみさせ、何かを知らせようとしたわけだね。でも、なんのために？」

おとうさんは、しばらくじっと考えていた。

夢のなかみから考えると、こう想像ができそうだ。どこかの星の世界から、だいぶまえに宇宙人がやってきて、乗り物が故障して地球へついらくしてしまった。

乗っていた生物は、自分たちを助けてくれる知恵のすすんだ生物がいないかと思った。

そこで、ことばのちがう生物にもわかるように、生物の心の中にじかに自分たちのであった事故をつたえる通信機をばらまいた。

「じゃ、最後にみた地球らしい星の上で光っていた点は、ついらくした場所だったんだね」

良夫くんはこうふんしていった。

「もう一度ねむって、こんどははっきりみようよ。そして宇宙人を助けにいこう」

「むだだと思うね」

おとうさんは、ためいきをついて、われ石をさした。

「この石は、ただの石ではない。今から三億年もまえの、石炭紀という大昔にいた貝の化石だよ。通信機はこの貝の中にはさまれていたんだ。

（後略）

問題
お父さんは、なぜ宇宙人を助けにいくのが、むだだと考えたのですか？

解答例は、１５９ページ

一六　無用の店

その店はオフィスビルの地下三階にひっそりと存在していた。

いつも淋しい場所を勧《すす》める旅行代理店と、いつも売れない本ばかりを取り揃えている本屋にはさまれて、所在なく店は扉を閉ざしていることが多かった。

「おやおや、おかしな店の名前だ。ふーん無用の店か。店自らが無用だといってるのが気に入った。ここで何か買おう」

ある夜、道に迷った質《たち》の悪い酔っぱらいの目に止まった。

「こら、あけろー。扉をガタガタにしてしまうからな。買いにきたんだから。素直にあけろってんだ」

そうすごまれると、いてもたってもおられなくなったのだろう。店主がかんぬきをあわててはずした。

「まだ準備中です。もうちょっとお待ちのほどを」

酔っぱらいは扉のわずかな隙間《すきま》に身体《からだ》を差し入れると、店の中に有無をいわせず侵入を果たした。

「いやごめんよ、どうしても中を見たかったから。おや、あまり商品の数はないんだな。傘屋か」

暗がりの中から店主が答える。

「そんな手荒におさわりなさいませんよう。手前どもは無用の品をお取扱いさせていただいておりますので」

酔っぱらいは折りたたみ傘を一本、手にした。

「すると用をなさない傘か。穴があいてるとか、骨が折れてるとか。そうは見えないが。手荒にさわるなっていうが、無用のものだったら、いいじゃないか。どうせ安もんなんだろう。えーと。えっ。おやっさん値札を間違えているよ。十万円はないだろ」

暗闇から出ず店主は白髪《しらが》頭をかきあげた。

「格安の十万円。特別廉価《れんか》サービスの準備中でございます」

おちくぼんだ目を精いっぱい見開いて豪語する店主に、酔っぱらいは少したじろいだ。

「冗談きついな。無用品の傘が一本十万円なのかい」

酔っぱらいのアルコールが身体から抜け始めた。

「お買いになりますな。買っていただけますな。さきほど、お店の前で買いにきたって大声を張り上げておられましたからね」

大男に属する酔っぱらいも、これには言葉に窮した。

「しかし、穴のあいた傘や骨の折れた傘ではね。使えないものなら買ってみたところで」

闇に半分溶けた店主は急に笑いだした。

「ははは。いいえいいいえ、穴もあいてはおりませんし、骨も折れてはいません。廃品じゃ決してありません。新品の紳士用折りたたみ傘でございます。これをあなたのカバンの中にずっとお入れになっておかれるんですな。十万円は廉価だとすぐにお分かりになることうけあい。よろしい。押し売りをしたといわれると心外ですから、この銀行の口座に、あなたがその金額を払っても良いなと思われた日に振り込んでいただければ、結構でございます。商品は前渡し、お支払いは納得がいかれてからとさせていただきましょう」

酔っぱらいはニヤリとした。今持ち合わせがあったとしても、現金では払いにくい。銀行振り込みだと、万が一欠陥商品だった場合、有利だ。

「男がいったん口にしたことだ、買うことにしよう。しかし、欠陥品だったら払わないからな」

店主は首を静かに前に倒した。

「お買い上げ有り難うございました。次の廉価サービス商品は時期がきましたら、この扉に広告させていただきますので、ごひいきのほどを」

男はなんの変哲もない折りたたみ傘を小脇に抱えて店を後にした。不思議な夜だった。男は店主のいうとおりにカバンの中にその傘をしのばせておくことにした。傘は軽くてかさばらなかったので、非常時用としては最適のものだった。もちろん、穴もあいていないし骨も折れてはいなかった。

一ヵ月たち二ヵ月たっても、その傘を開くチャンスはめぐってこなかった。雨が降らなかった訳ではない。雨は降ったが、その日はたまたま出勤しなくても良い日だったり、車が使えたりして、傘を差すまでもなかったのだ。

男はまだ代金を振り込んではいなかった。請求もこないし、それよりなにより、傘をまだ使用していなかったから、商品に納得するもしないもないからだった。少し後ろめたい気持ちにもなったが、高額商品なのだから当然と割り切った。

三ヵ月、四ヵ月たっても、男は雨にあわなかった。あの傘はまだ無用の傘だった。

五ヵ月目に入って、男はやっとこの傘が高価である理由に思い当たった。

（中略）

男は友人の家に、わざとその傘を置き忘れて帰ることにした。するとてきめんに濡れネズミとなった。それで信用する気になった。

男は早速、銀行振り込みを行った。

（後略）

問題
この傘が高価である理由は何ですか？

解答例は、１６１ページ

一七　完全犯罪

「完全犯罪というのは、一種の芸術——それも、完全主義者《パーフェクショナリスト》のみにゆるされる芸術でね」と、年おいた囚人が、日なたぼっこをしながら、ぽつんといった。「よほど、すぐれた人間でなけりゃ、できやせんよ」

「で、じいさんは、それをやったというのかい？」若い囚人がきいた。

「そうとも——」と老人はうなずいた。「わしがやった仕事は、全部、完全犯罪だったよ」

「信じられんな」と別の囚人がいった。「あんたみたいなおいぼれが…」

「おいぼれでも、青年の時もあったし、男ざかりの時もあった」老人は、怒りもせずにいった。「それに、わしは、小さな仕事は全然しなかった。大きな仕事だけだ」

「で、どういう風に、その完全犯罪とやらをやったんだい？」

「要するに、完璧に、だよ」老人はかすかに笑った。「おどろくほど、完全に、だ。完全すぎて、犯罪がおこなわれた、ということさえ、気づかれないくらいに……。警察だって気づかない。時には、被害者だって、自分が被害者であることを、全然気づかないくらいだった」

「たとえば、どんな仕事をやったんだい？」

「そうだな――」老人は、眼をつぶった。「以前、ある国で、かなりなインフレがおこった。これは、わしのつくったニセ札のためだ」

「大きく出たな」と、若い囚人は笑った。

「ほんとうだよ。大きなもとでと技術と組織さえあれば、ニセ札づくりほど、やりやすい商売はない。――わしのは、本当の意味でのニセ札じゃないかも知れない。なにしろ、夜の間に造幣局の原版をぬすみ出して刷り、それをまた、もとの所に、かえしておいたんだからな。――紙は、わしの傘下《さんか》の会社でこしらえさせ、テスト用として余分にこしらえたものを、廃棄せずにつかった。第一、わしは、その銀行の役員の一人に化けていたから、なにもかもつつぬけだ。――いいかね？　まったく同じ紙幣が二つあらわれたら、いったいどっちをニセ物と断定する？」

「あきれたね」中年の囚人がぼやいた。「信じられんよ」

「インフレ気味で、紙幣を回収し、新紙幣を発行しようとした時、通貨総額が、政府の発行額より、二割以上ふえているのが発見されて、はじめてさわぎになりかけた」老人は笑った。「そのころは、ドロンさ」

「美術品もやったって？」若い囚人がきいた。

「やったとも――いま、パリのルーヴル美術館にある、有名なモナ・リザの肖像な。あれは実はニセ物だよ。ほんものは、わしの手もとにある」

「だって、あれは…」

「まあききなさい――館の重要人物に、わしの部下がいる。わしは、いったん盗み出し、専門家でも見わけがつかないようなニセ物とすりかえたが、検査や、鑑定の時には、またほん物とすりかえる。だから、鑑定されるのは、常にほんものだが、展示されているのは、常にニセものさ」

　囚人たちは笑った。

「信じないだろうが――」老人は、なおも言葉をつづけた。「わしの一番大きな、一番見事な完全犯罪を話してやろう」

「だけどな、じいさん」中年の囚人が、嘲《あざけ》るようにいった。「そんなに、お前さんが、いつもいつも、完全犯罪ばかりやっているンなら――なぜ、お前さんは今、刑務所《ここ》にいるんだい?」

「待ちなさい。そのことは、この仕事と関係がある」老人は、手をふった。「まず、話をききなさい。わしの、最後にして、最大の完全犯罪は――こっそり、誰にも知られないうちに、この地球《ヽヽ》を売りとばすことだった」

囚人たちはドッと笑った。

「売りとばすって、誰によ」

「むろん、宇宙人さ」老人は大まじめでいった。「わしには、前からとりひきがあったんだよ。――その連中の、それこそ宇宙的なふとっぱらは、大いにわしの気にいった。彼らには、超大人《たいじん》の風格があった。ヘタにガツガツしたところがない。この相手なら安心だと思って、わしは、彼らに、この地球を、鑑賞用に買わないか、ともちかけた」

「鑑賞用に？」

「そうだ――彼らには、自然をめでる心があったから、わしの条件をうけいれた。すなわち、地球には、全然手をくわえないで、そっとしておく。そして、あるがままの、地球の春秋を、ただ鑑賞するだけにして、全然地球人に気づかれないようにしておく。気分の問題だが、これは、おれのものだと思うだけで、いい気持ちだろうからな。そこで、わしは、地球の人間に誰一人気づかれないうちに、人間も生物も、なにもかも居ぬきのまま、売っちまった。――だからもう、この地球は、宇宙人のものだよ。誰も知らないがね――」

囚人たちは変な顔をした。

「で、いったい――いくらで売ったんだ？」

「その代償として、　　　　　　　　　　　　　　　　」老人はクックックと笑った。

（後略）

問題

地球を売った代償は何ですか？

解答例は、162ページ

一八　骨猫

流れる景色も見飽きた。それで隣の少し淋し気な猫背の女性に、声を掛けてみる気になった。

「そのバスケットの中はネコちゃんですか。随分おとなしいんですね」

たいていはここで口元がゆるむものだが、今日は違った。切れ長の細い目から大粒の涙がこぼれ落ちた。

細身の身体を絞《しぼ》るようにして、やっとか細い声が出た。

「すみません」

「おや、余計なことを言ってしまったようで、謝らなけりゃいけませんね」

髪を振り上げたところをよく見ると、なかなかの美人だ。僕は少し身体を乗り出した。

「いいえ私の方こそ、お謝りしなければ……。実はこのバスケットの中には、確かにネコがいるんです、でも普通のネコではなくって」

低くかすれた声で、一生懸命に答える。

「毛並みのいい、血統書付きってのですか」

魅力的な涙とどういう関係か想像もつかないが、そう聞いた。

「いいえ、不思議なネコの悲しいなきがらなんです」

彼女の小さめの唇に、僕の目は釘付けになった。

「それは、さぞかしお辛《つら》いことでしょう。僕もペット好きだから、分かりますよ。どうですか、良かったら、そのネコちゃんの思い出を聞かせてもらえませんか。供養にもなるんじゃないかな、あなたさえ良ければ、聞きたいんですが」

長い首を少しひねると、髪がパラリと落ちた。

「はい、それじゃ」

いや、いいきっかけになったものだと内心喜んだ。

「このコは、公園の端の溝にはまってミーミー鳴いていました。私はすくい上げて、近くでミルクを買って、あげたんです。けれど、もう飲む体力さえ残っていないのか、ただブルブル震えているだけでした。その夜は、ずっと私の掌の中で震えていました。半ば諦めていたんです。手遅れだなって」

彼女の目はうつろだった。車窓の向こうの過去をボヤッと眺めているようだ。

「でも、翌朝元気になっていたんですよ」

「ほお、あなたの心が通じたんだ」

「部屋の中を飛び回るんです。ミルクを一滴も口にしていないのにですよ。不思議でしょ。もともと私も食が細いものですから初めは心配になりませんでした。でも、それがひと月にもなると普通じゃありませんでしょ」

「飲みもしない、食べもしないんですか」

「ええ、無理にでも口に入れようとしたんですが、無駄でした。全部吐き出しちゃうんです。えさに毒でも入ってるみたいに」

「それでも元気なんですか」

「ええ、前よりいっそう。食べないものだから、みるみるうちにやせこけていきましたが」

「食べものをうけつけないってのはね」

「骨が透けて見えるほどになったのはふた月経《た》ってからのことです。あのコは、ペルシャ猫でもシャム猫でもなくてコツ猫になったんです」

「コツ猫って、骨のネコですね」

「ええ、ついに骨だけのネコになってしまったんですから。不思議なんですよ、やせ細るほどに益々《ますます》元気になっていったんです。そうそう言うでしょ。ペットは飼い主に似るって、あれ本当なんですよ。私は、とっても感情の起伏が激しいんです。あのコもそうでした。イライラしたり、思いっ切りじゃれついてきたり、プイとつむじを曲げてみたり」

よほど可愛がっていたのだろう、彼女の言葉の端々に愛情がこもっている。

「私、学生の時に音楽を勉強してたんです。だから、部屋の中に楽器が沢山あるんです。ある日、ちょっといたずら心が起きてマリンバ用のマレットを持たせてみたんです。そして、おなかのろっ骨辺りを叩かせてみたんです。それがいい響きがして、スイングするんです。ネコが演奏できるなんて思ってもみませんでした。でも、才能があるんですよ。名付けて骨琴。私がピアノを弾くと、つかず離れずついてきます。楽しかったですね」

僕は想像して、吹き出してしまった。けれど笑いを止めると、今度は背筋にゾッと冷たいものが走った。そこまでやるネコなんて絶対いやしまい、するとこの女は……。

「あのコは近付いてくると、音で分かるんです。カッシ、カッシと骨のきしむ音が聞こえるんです。とても軽いリズム。やがて、骨のすれあうところから、火花が出始めました。

夜、屋根の上を飛び回る姿はそれはもう美しくって、うっとりしてしまいます」

僕はあぶら汗を流し始めた。気を落ちつかせようと、タバコを探してポケットをまさぐった。

「近所で化け猫が出るって評判がたちました。あのコが化け猫って呼ばれるなんて思ってもみませんでした。アパートを三回も替わったんです。でもずっと閉じ込めておくなんて残酷でしょ。それで、ついに見つかってしまってエアガンで撃たれて……」

彼女はバスケットを強く握りしめた。

誰がそんな話を信じるだろうか。僕は掛けてやる言葉もなかった。何が骨琴だ。火花だ。

「ペットは飼い主に似るって言いましたが、その逆も真なりなんですよ。ほら、この指」

彼女が顔の前に（後略）

問題

彼女の指は、どうなっていますか？

解答例は、163ページ

一九　牛の首

「こわい話もずいぶんきいたけど……」とS氏は、急にあらたまった口調でいった。

「やっぱり、一番すごいのは……」

「ああ、あれ？」とT氏が、妙な眼つきで、チラとS氏を見た。「〝牛の首〟の話」

「そう……」S氏は眼をそらしながらいった。「あれは、本当にすごいね」

「思い出させないでよ」とT氏も、変に沈んだ声でいった。

「あればっかりは――すごいだけじゃなくて、なんだか後味が悪い」

「本当だ」T氏は話題をかえたいらしく、少しソワソワしながら、しきりに私の様子を気にしていた。「もう、あの話だけはよそう」

「どんな話です？」

私は思わずひざをのり出した。

「どんな話って――あなた、知りませんか？」

T氏は、上眼づかいにチラと私を見ながらつぶやいた。

「これは、有名な話ですよ」

「残念ながら、きいたことがないんです」

私は胸をワクワクさせながら、首をふった。――私も怪談、恐怖談はきらいな方ではない。

「そうですか……」T氏はS氏と、顔を見あわせながらいった。「おききにならない方がいいいんじゃないかな」

私は、うつむいたS氏が、首をたれ、なんとなく青ざめているのを見て、変な気もちになった。――S氏は、頸筋《くびすじ》から襟元《えりもと》にかけて、一面に鳥肌だっていた。T氏の額にも、いつのまにかうっすらと汗がにじんでいる。

「ぜひ、きかせてください」私はせがんだ。「そんな有名な話を知らないでいちゃ、外聞が悪い」

「しかしね……」T氏は、ごくりと唾《つば》をのみこんだ。「この話をきいたものには、必ずよくないことが起るといわれてるんです」

「ですが、あなた方もおききになったんでしょう?」私はいった。「きいてから、なにか――よくないことが起ったんですか?」

二人はまた顔を見あわせ、謎《なぞ》のような表情をした。

「もったいぶらずに話してくださいよ」私は懇願した。「悪いことが起ったって、かまいません。——どんな話ですか？」
「つまり…」Ｓ氏は決心したように、溜息《ためいき》をついて、眼をあげた。「——この話はですね
……」
私はかたずをのんで、Ｓ氏の口もとを見つめた。——しかし、Ｓ氏は急におじけづいた
ように首をふった。
「いや、とても、いえないな」
「じゃＴさん、教えてくださいよ」
「それがなかなか——」Ｔ氏はうつむいたまま、低い声でつぶやいた。「いえないし——
実をいうと、思い出すのもいやなんで……」
「まあ、今はやめときましょう」Ｓ氏はおしかぶせるようにいった。「誰かほかの人にき
いてください。——私には、とても、話せそうにありません」
その後も私は〝牛の首〟の話が、気になりつづけた。——私は、怪談好きの友人や作家
をたくさん知っていたので、折りにふれて、そういった人たちに〝牛の首〟という話を
知っているか、とたずねつづけた。
きいてみてわかったことは、その話を知っているものが、意外に多いということだっ
た。——とすると、かなり有名な話にちがいない。趣味で怪談を集めたこともある私が、

どうして今まで知らなかったのだろう？

しかし、私のきいてまわった人たちに、共通していることは、彼らに、いざ肝心の話の内容をきこうとすると、彼らがいいあわせたように顔色をかえ、口をつぐんでうつむいてしまうのだった。

「よくできた話ですよ」ある人は、凍りつくような眼つきで私の眼をのぞきこみながらいった。

「あれは怪談として、最高によくできてますな」

それなのに、彼は、結局感嘆してみせただけで、話してくれなかった。

「ありゃすごい！」ある人は、ブルッと唇をふるわせていった。「とにかくあんな恐ろしい話はきいたことがない」

じらされてばかりいるので、私はとうとう躍起《やっき》になった。——これぞと思う人間に、しつこく食いさがり、なんとか片鱗《へんりん》でもきき出そうとした。とうとうしまいに、私自身が、その怪談になったみたいだった。友人たちは、私の姿をみると、

「そら、また〝牛の首〟がきた」といって逃げ出した。

それをきいた時は、自分の顔が牛の首になったか、とギョッとして、鏡をながめた。

しかし、ついにその話のもとをつきとめることができた。——ミステリーの老大家、O

先生が、はじめてその話をつたえた、ということだった。――もとはといえば、中央アジアかどこかの話らしいということだった。

O先生の所へおしかけて、話をきかせてくれ、というと、先生の顔に、奇妙な狼狽《ろうばい》が走った。「そう……その話は、たしかに私が――」とO先生はいった。「サマルカンドで採集してきたものだが――とにかく、今日はこれから出かけなくちゃならんから、明日午後きたまえ」

そして翌日ついに、本家本元から、話がきけると思ってワクワクしながら、先生の家をたずねてみると――先生は留守で、急に用があって、外国へ旅行する。帰りはいつかわからない、という伝言だった。

あまりのことに、呆然《ぼうぜん》として帰途についた時、私は突然血も凍るような戦慄《せんりつ》におそわれた。――今こそ、私には〝牛の首〟がどんな話かわかった。

（中略）

それからだいぶたったある日、若いTVディレクターが、局のロビーで、ふと私にきいた。

「〝牛の首〟という怪談があるそうですね――知ってますか？」

「ああ……」私は顔が青ざめるのを意識しながら、低くつぶやいた。「知ってるとも――

あんな、恐ろしい話は、きいたことがない……」

問題

〝牛の首〟は、どんな話なのでしょうか?

解答例は、164ページ

二〇　何のアレルギー？

食事を始める前から、既にその兆候はあった。

何となく目が痒《かゆ》くて、鼻がむずむずし始めていたのだ。夕方、約束の時間通りに銀座三丁目の角で彼女と落ち合って、歩き出したとたんにそうなった。

「ようするに花粉症ってやつよね」

レストランのテーブルにつくなり鼻をかみ始めたぼくを見据えて、彼女は言った。その口調には同情とともに、どこか蔑《さげす》むような気配が漂っている。

「花粉症？　馬鹿言うなよ。もうとっくに季節は過ぎてるじゃないか」

「何事にも例外っていうのはあるものよ」

「花粉じゃない。断言してもいい」

「じゃあ何？」

「それが分かれば苦労はないんだけどな。しかし少なくとも花粉じゃない。それ以外の何かだ」

「自信たっぷりじゃないの」

「他でもない自分の体だからね。ある程度は分かるのさ」

ぼくは大きなクシャミをした。その拍子に、持っていたメニューを取り落としそうになる。向かい側に座っている彼女は一瞬顔を顰《しか》め、ぼくと目が合うと素早くメニューの陰に隠れた。

やがてボーイが現れ、背後に控えて注文を取る。決めかねてぐずぐずしていると、彼女の方がまずワインを、そして料理の注文を告げた。ぼくはあまり食欲がわかなかったので、前菜とコンソメスープ、魚を一品。それで充分だと思った。メニューを戻しながら、ボーイにこう訊《たず》ねる。

「魚は何ですか?」

「イトヨリのグリルです。それにタルタルソースをからめて……」

「タルタルソースはだめだな。卵が入ってますよね?」

「はい」

「じゃあグリルして、塩胡椒《しおこしょう》だけで味つけしてもらえますか」

ボーイは怪訝《けげん》そうな表情で一瞬沈黙した後、慇懃《いんぎん》に「かしこまりました」と呟《つぶや》いて引き下がった。呆れ顔で彼女がテーブルの上へ身を乗り出し、小声で言う。

「卵、だめなの?」

「そうみたいなんだ」

「だって先週、ホテルの朝食でオムレツ食べてたじゃない」

「あの時、君には言わなかったけど体じゅう痒くて堪《たま》らなかったんだ。瞼《まぶた》の裏側まで湿疹《しっしん》が出てたんだぜ」

「そう。卵なの……」

「卵だけじゃないらしいんだな、これが。油っぽいものもヤバいし、胡麻《ごま》もだめだ」

「いつからそうなったの？」

「……分からない。二週間くらい前かな。急にそうなった」

ぼくは別に嘘《うそ》を言っているわけではなかった。もっと注意深く、ぼくの様子に関心を抱いていれば、彼女にも分かったはずだ。ここ二、三週間、彼女と一緒に食事をするたびに、ぼくはあちこち痒くなったり目が潤んだり熱っぽくなったりしていたのだ。

「厭《いや》ね。お医者さんに診てもらった？」

「うん。明日行こうと思ってる」

「愚図ねえ。どうしてもっと早く行かないのよ」

彼女の物言いには、鋭い棘《とげ》が含まれている。ぼくは溜息《ためいき》を漏らし、口を噤《つぐ》む。

やがてボーイが彼女の注文した白ワインを運んでくる。当然のような顔で彼女が利き役を果たし、それからぼくのグラスにも注がれる。ぼくは多分憂鬱《ゆううつ》そうな表情をしていたのだろう。目が合うとボーイは、必要以上に大袈裟《おおげさ》な愛想笑いを返してきた。

「じゃあ乾杯」

彼女はグラスを掲げ、ぼくのグラスに冷たいガラスの音をチンと響かせると、

「あなたのアレルギーに」

と付け加えた。相変わらず趣味の悪い冗談だ。ぼくはまたひそかに溜息を漏らし、どうして自分はこんな女と一緒に食事をしているのだろう、と思った。

確かに彼女は美しい。黙って受付に座っている様子は観賞用の花のようだと、社内でももっぱらの噂《うわさ》だった。だから交際し始めた当初は、同僚たちからずいぶんやっかまれたものだ。自分で言うのも何だが、ぼく自身はこれと言った取り柄もない平凡な男で、お世辞にも彼女と釣り合っているとは言えない。もっと彼女に相応《ふさわ》しい独身男性は、社内に沢山いるはずなのだ。にもかかわらず彼女がぼくを選んだのは、何故だったろう？　今にして思うと、単なる気紛《きまぐ》れだったのかもしれない。

きっかけは、忘年会の二次会から流れて、同じタクシーに乗り込んだことだった。彼女はかなり酔っていたので、肩を貸して部屋までついていったところ、急に甘い声を出してしなだれかかってきた。素面《しらふ》だったらおたおたしてしまったろうが、酒が入っていたため

に気持が大きくなっていた。ぼくはベッドへもぐり込むのももどかしく、カーペットの上で彼女を抱いた。

しかし付き合い始めてしばらくすると、彼女が美しさ以外はあまり持ち合わせのない女であることが、少しずつ分かってきた。男友達からちやほやされることに慣れっこになっているので、何をしてやっても、なかなか喜ばない。そのくせ自分の方から能動的に働きかけることもなく、不平を漏らすばかりなのだ。

乾杯したグラスを口許《くちもと》へ持ってきて、一口含む。丸っこい酸味が口の中一杯に広がり、鮮やかな香りが鼻へ抜けていく。とてもいいワインだ。美味《うま》い。

ところが一瞬の間をおいた後、首筋から後頭部にかけて、燃えさかる絵筆でさっと掃かれたような感触が走った。たちまち堪えがたい痒みが、ぼくの頭を襲う。それは今までに経験したことのない、猛烈な痒みだった。ぼくは反射的にその部分へ手をやり、激しく掻《か》きむしった。外皮というよりも、頭の内側が痒い。掻いても、痒みは一向におさまらないのだ。

「どうしたの？」

彼女は驚いて、椅子《いす》から立ち上がりそうになる。それを目で制し、ぼくの方が立ち上がる。何か言い訳をしたかったが、あまりの痒みにそれもままならない。ぼくは両手で頭を激しく掻きむしりながら、テーブルを離れ、小走りに洗面所へ向かった。

中に入り、内鍵《うちかぎ》をかけて、鏡の前へ行く。すると嘘のように痒みがひいていった。どういうことなのか、よく分からない。ぼくはしばらく鏡の前に佇《たたず》み、痒みが完全に失せたことを確かめてから、洗面所を出ようとした。すると再び、頭の内側がむずむずし始める。驚いて鏡の前へ戻ると、痒みはさっと消えてしまう。何度か繰り返している内に、ぼくはその理由を何となく理解した。

（後略）

問題

痒みの原因は、なんですか？

解答例は、165ページ

二一　冷蔵庫の中

「また、ふぶいてきましたね」と青年は窓の外を見つめていた。

「今夜一晩中、吹きあれる」とベッドの老人は、弱々しく咳《せき》こみながらいった。

「この家がみつからなかったら……」若い男は、暖炉に手をかざしながら、ブルッとふるえた。「本当に凍え死にしてしまうところでした」

「このあたりの冬の気候はかわりやすい」老人は眼をつぶっていった。「寒さはきびしく、雪が多く、人家はすくない。——知らなかったのかね？」

「吹雪《ふぶき》で、パーティとはぐれてしまって……」青年は、暖炉のそばで湯気をたてている毛糸の靴下にさわって、かわき具合を見た。「連中は、もう、先の山小屋についてるでしょう——こんな所に、昔から住んでおられたのですか？」

「昔は今よりずっと、物価も土地も安かった——戦前の話だよ」

「今はずっとお一人ですか？」

「妻が……」老人は咳こんだ。「妻と……いた。いや……いる…」

「水をあげましょうか？」

「いや……その薬をとってくれ」

老人はしわだらけののどを動かして、水薬をのんだ。——かなり弱っている、と青年は思った。

吹雪がますますはげしくなった。——窓がガタガタいい、梁《はり》や柱が、ミシミシなった。窓ガラスのそとでは、暗闇《くらやみ》の中に、白い雪片が狂ったようにうずまきおどりくるい、その渦巻きを見ていると遠くに吸いこまれそうになった。風はゴウゴウと屋根の上になりつづけ、じっと耳をすますと、その風音のむこうに、かすかにカン高い、笛のような、女の叫ぶようなひびきがきこえるのだった。

「あの音はなんでしょう?」と青年はいった。「あの笛のような……」

「わしは雪が好きだ」老人は夢見るようにつぶやいた。「雪山の夜、吹雪の夜、孤独——妻も……」

「奥さまは?——なくなられたんですか?」

「いや……」老人はねぼけ声でいった。「眠っているだけだ」

青年は家の中を見まわした。——ほかに誰もいるような気配もなかった。部屋数もそれほどない。

「家内も……吹雪が好きだった」老人はいった。「雪の炎のような——北国の女で……」

突然電灯がまたたいて消えかけた。老人はカッと眼を見ひらいた。

「自家発電の重油が切れかかっている」老人はふるえる声でいった。「地下室へいって、燃料コックをきりかえてくれ」

「停電しても、暖炉の火があれば……」と青年はいった。「電気で暖房してるんですか？」

「いいからやってくれ！」

青年はいわれる通りに地下室へおりていった。――自動燃焼型のディーゼル発電機が、回転をおとそうとしていた。青年は、新しい重油のドラム缶にコックを切りかえようとして、ドラム缶の重油がほとんど床にこぼれてしまっているのを見つけた。ネズミが、切り替えコックについているポリエチレンホースをかじっていた。――木片をあててドラム缶をかたむけると、わずかな重油が流れ出し、発電機は、いっとき回転をあげた。

地下室を出ようとする時、青年は、階段のわきに、おそろしく大きな電気冷蔵庫があるのを見つけた。――彼はちょっと異様な感じをうけて、そのほこりだらけの、人間一人はいれそうな大きさの冷蔵庫を見つめた。

冷蔵庫には、電気が通じていた。――ブゥンとかすかなモーターの音がして、冷蔵庫はかすかにゆれていた。

青年は階上に上って、老人に重油のことをつげた。――老人は、熱病にもえるような眼をして、ベッドの上に起き上った。

「外の物置きに、予備のドラム缶がある」と老人は、あえぎながらいった。

「この雪じゃむりです。雪をかきのけなければ……」

「どけ！」老人はベッドをおりた。「わしが行く」

青年がとめる間もなく、老人はヨロヨロと戸口に行った。――だが、戸をあけたとたんに、猛烈な雪まじりの風に吹きたおされ、床にあおむけにたおれた。青年は風とたたかって、やっと扉をしめた。吹きこんだ雪にまみれた老人をかかえおこすと、頭を強くうったと見えて、もうこと切れかけていた。

「電気を……」と老人はいった。「わしの妻が……」

その途端に電灯がまたたきはじめ、それが消えると同時に、老人は息をひきとった。

青年は老人の死体をベッドに横たえると、しばらく呆然《ぼうぜん》としていた。――暖炉に薪《まき》をやたらにほうりこむと、しばらくじっと火を見ていた。家の中は汗ばむほどにあたたかくなってきた。――偶然にも、孤独な老人の通夜をやることになった運命の奇妙さに、おどろきながら、青年はなおも吹きあれる吹雪に心をうばわれていた。

と――。

突然、地下室でかすかな物音がした。

とたんに、眼の前にかかった膜がおちるように、青年はなぜ、老人が、あれほど、電気に執着していたかを理解したように思った。

「そうだ、電気！」――この家で、唯一つ、大きな電力を必要とするもの……地下の大電気冷蔵庫。――妻は眠っている、とかなんとか、矛盾だらけの、老人の言葉……吹雪の好きだったという、情熱的な雪国生まれの妻――とすると……。死にいく老人は、情熱的な若い妻を道連れにしようとして……あるいは姦通《かんつう》事件でもあったのかもしれない。地下室で、また物音がした。――青年は反射的に立ち上った。

彼女は、まだ生きているらしい。

そう思った青年は、ランプをとると急いで地下室へかけおりた。――あの大電気冷蔵庫は、電気が切れたにもかかわらず、まだ中でゴトゴトと動く音がした。同時に、かすかな、笛のような悲鳴らしきものもきこえた。青年はためらわず、ドアをあけた。

中から、全裸の女の体がころげ出た――と思いきや、中はからっぽだった。――ただおそろしい冷気が、まっこうから吹きつけ、青年は手が凍えてランプをおとした。風のように、冷蔵庫の中から吹き出したものは、青年の背後で、白いもやもやした形をとって、青年をつつもうとした。――とたんに、風で扉がはずれたらしく、階段の上から、雪まじりの風がどっと吹きこんできた。

凍え死ぬ寸前、青年は、老人の妻だった□□の、瞳のない、氷のような眼を、辛《かろ》うじて見ることができた。

問題
老人の妻は、どんな状態（どんな人）ですか？

解答例は、166ページ

二三　白い耳

ベルが鳴るとピクリとした。けれど観念して受話器をとりました。

「はい。間にあっています」

ご免なさい。ええ、これが、あなたがあんなに聞きたがっておられた正真正銘の私の声です。生身の声はこんなのだったのです。失望されたのではないかしら。

あー、喜んで下さっているのですね。有り難う。

急に声を出したりしてすみません。そうなのです。これまででも、出そうと思えば出来たのです。声帯の機能に障害があったわけじゃないのです。驚かせてすみません。

でも今、自分の口からその事情を語っておきたいと思うようになったので。思えば、もっと早くお話ししておかなければならなかったことなのですが……。久しぶりに自分の声帯を使ってそれをやってみます。

ひょんなことからあなたとお付き合いが始まって、この二階のお部屋に遊びに来た初めての日のことです。ソファーでくつろいだあなたは、いきなり私の白い耳のことを話題にされましたね。その形をしきりに誉めて下さいました。きっと長い髪に隠していた私の耳をどこかで見られたのですね。それがどれだけ私をあわてさせたか。想像つきますでしょうか。

あっすみません。話す要領が悪くて。

私の郷里のことからまず話すことにします。ええ、それが重要なことだからです。

私は近畿のとある山深い里に生まれました。家業は助産師。つまりお産婆さん。代々うちの家系の女性が村の子供達を全部取り上げてきました。もっとも私の父の代になって産科医院となったのですけれど。

病院は血族っていうのですか、親戚一同で切り盛りしていました。父と母、それに私の姉が二人に、弟が一人。父の妹が二人、母の妹が一人、つまりおばさんが三人。私を入れた九人がそこで働いていました。病院といっても田舎のことですから、建物は安普請《やすぶしん》ですよ。そうなのです。看護師の資格があるのです。私。

うちの一族はおかしな一族でした。ええ、昔から耳の形がいいって誉められるのです。それはうちの血族である印でもあった訳ですから、大事なことだったのです。言い方を変えると耳の形がよくなければ、一族でないと判断され、親戚づきあいもされないということなのです。

私は生まれた時から、ちやほやされて育ちました。ええ、耳の形がうちの血族の中でもとりわけ理想形に近かったというのがその理由です。血統を守ろうとする力は相当のものでした。それは口には出来ませんが、おぞましいほどだったのです。

うちの一族は村の子供が生まれる瞬間は全員で立ち会うのが慣例でした。全くもっておかしいでしょ。産声をしっかりと聞いておかなければならない、というのが昔からの慣《なら》わしでしたから。

夜中に気持ちよくいい夢を見ている最中でも、たたき起こされました。だから村で生まれたお子さんの産声はまだ私の脳裏に焼き付いて離れません。

さてうちの勝手口に妙に古びたカンバンが一つ上がっています。趣味の悪い装飾がゴテゴテとあるんですが、時代とともに枯れてそれなりに味があるものとなっています。そこには、耳屋と二文字書いてあります。この耳と同じ字です。絵も一つ入っていて、見てくれますか、私のこの耳の形と同じものが描かれてあります。うちの代々のウラ向きの家業は実はこの耳屋というものなのです。

その勝手口から入ってくる村人は絶えません。

「先生、うちの隆史《たかし》が東京でどないしてるか教えてくれへんかいな」

と、婆さんが突如やってくるのです。

父は早速自慢の耳を東に向いた窓にかざします。そして隆史君の産声を記憶の箱から取り出すと、集中して、それに同調する音を探すのです。父の耳はいわば高性能な集音機でした。特定の人の声のみを抽出することが出来るのです。父は耳の裏に指をあてがいながら、音が届きやすい微妙な角度を探します。

うちの血族が村で代々担ってきた役割というのはこれなのです。村を出た人の居所を探り、その声を拾って、近況を教えるという訳です。調べろといわれれば、盗聴まがいのこともやれます。

父はすぐに隆史君の消息を婆さんに教えてあげることが出来るようになります。遠く離れた東京の片隅で、悪い仲間と取引している様子を生々しく語るのです。婆さんは血相を変えて飛び出していきます。隆史君はそれからしばらくして村に連れ戻されてきました。

そうです。その通り。父だけにその能力がある訳ではありません。私達一族みんながそれを受け継いでいます。だから、村の子供が生まれる時には全員が集まらないといけなかったのです。

父一人だけでは声をつかまえられない時があります。そんな時、家族が呼び出されます。私達は手を取り合って、窓に向かって一斉に耳をかざします。ほら、宇宙の電波をとらえるために、小さなアンテナをいくつも並べて、相当エリアを広げて一つの大きなレーダーアンテナと同じように使うということがあるでしょ。あれと全く同じです。

耳を澄ますと、やがて確実に聞こえてきます。

子供の頃は夢中になりました。親戚全員で一つの仕事を成し遂げるということが面白かったからです。耳を澄ますと、噴き出しそうになることもしばしばでした。でも悲しい話もたっぷり聞きました。

そんな生活がある日突然イヤになりました。他人のプライバシーを暴いて何がいいのか。どう考えたってその正当性は見つけられません。都会で少しグレた子を見つけたからって、その子を助けたと単純にいえるのかしら。村に帰ってきて無気力になった隆史君のことがとても気がかりでなりません。

それに、隠し事が一つも出来ない家族の窮屈さを次第に強く感じるようになりました。それは隠し事がいっぱいある家族の悩み以上なのです。

それで村を捨て家族を捨てたのです。その時、声も一緒に捨てました。発声が不自由なことを装った理由はそういうことだったのです。

でも何故、突然声を発したのかですね。

その答は簡単です。あなたに恋してしまったから。

私は今まで自分の声を決して洩らしはしませんでした。□□□□□□□□□□□□□□

□□□□□□□□。でも、声だけ注意していればいいというものではなかったのです。
恋もしてはいけなかったのです。
あなたと会うとこの胸の鼓動が高まるのです。（後略）

問題
なぜ、恋もしてはいけなかったのですか？

解答例は、１６８ページ

二三　標準化石

宅地造成ブーム、道路建設ブーム、埋め立てブーム、と、やたらに地面をほじくりかえすブームがひろがってくると、緑におおわれた地表は、見るもムザンな様相を呈してきて、緑化運動団体や、オゾン信者、菜食主義者などをなげかせるが、その反面、とぼしい学術予算をもってしては、とてもできないような、大規模な発掘が、土建会社という他人のフンドシでできる。

そこで、学者の中には、この土建ブームに、思いがけない「学術的発見」を、ひそかに期待するものも、ないではなかった。

その発見も、最初は、ごくささやかな、発見にすぎなかった。

ある、道路建設工事の、切り通し工事現場で、貝類の化石らしいものが、たくさんかたまって出るという話をきいた時は、学者たちも、さまで興奮はしなかった。——貝の化石なんて、日本の地層の中では、べつにめずらしくもない。

しかし、現実には、その化石の一つを、見せられた時、学者は、眼をまるくした。

「へえ！　これはこれは……」と学者はいった。「ほんとうに、こんな化石が出ましたか？」

「いくらでも、出ますよ」と、土木会社の技師は、陽《ひ》やけした顔をほころばせた。「かなりかたまってね」

「これは貝や、植物じゃないですよ。筆石《ふでいし》といって、腔腸《こうちょう》動物——つまり、クラゲやイソギンチャクの仲間ですが——これはごく初期の型です。カンブリア紀といって、今からざっと、五億年前の……」そういいかけて、学者は急におどろいたように、絶句した。

「どうなさったんですか？」と技師はきいた。

「いや——これは、ほんとうに切り割り工事の時に出たんですか？」

「ええ、そうですよ。——それがどうしました？」

「いや——この筆石は、古生代の標準化石といって、古生代という非常に古い地質時代を見わける目やすになる代表的な生物ですが——日本には、古生代も、こんなに古い、カンブリア紀の地層は、まだ見つかっていないはずですよ。こんな古い時代の地層は、北米大陸ぐらいにしかないはずです」

「へえ、それはふしぎですな」と技師は首をひねった。「でも、その場所は、まだほかにも、いろんな動物の骨なんかが出てきますよ」

「骨ですと？」学者は叫んだ。「筆石の栄えた時代には、まだ、骨をもった動物なんか、この世にうまれてなかったはずです」

「でも、ほんとに出てくるんです」技師はいった。「一度、見に来てくれませんか？」

いわれるまでもなく、学者は、おっとり刀で——はオーバーかな——工事現場にかけつけた。

現場の地層を見ると、学者はますますおどろいた。——その化石の出てきた地層は、そんなに何億年も前のものではなく、ごく新しいもの——すくなくとも、新生代・鮮新世以後のものだった。つまり、ざっと七百万年から百万年前の地層の中に、何億年も昔にしかいない生物の化石がはさまっているのである。しかも、筆石は海中動物だから、当然水成岩の中から出なければならないのにかかわらず、出てくる地層は——火山灰質のものだったのである。

学者は、ひどく興奮して、工事現場につききりで、しらべてまわった。

工事がすすむにつれて、ますます奇妙なことが発見されてきた。もっとも古い筆石の化石のはさまった同じ地層から——今度は、同時代にすんでいたはずのない、デボン紀、つまり四億年前の、魚類の化石が出てきたのである。

学者は、この矛盾した発見に、途方にくれていると、さらに難題となる化石が、ぞくぞく発見されてきた。日本ではめずらしい、三葉虫という生物の化石も出てきた。石炭紀の、ごく原始的な、両生類の化石も発見された。

そこから約一〇〇メートルしかはなれていない場所で、今度は爬虫《はちゅう》類の化石がどんどん発掘され出した。

一つ、また一つと発掘がすすむにつれて、学者は、次第に精神異常者のように興奮しはじめ、しまいには、本当に精神異常者みたいになってしまった。

「あり得んことだ。あり得んことだ……」学者は、次々につみあげられて行く、爬虫類の化石を見ながら、眼をすえて、つぶやきつづけた。「五億年前の筆石の化石と、二億年前の大型爬虫類の化石が、同じ地層の、ごく接近したところから出るなんて――われわれの地球の歴史に関する知識とまったく矛盾する。進歩の道程を、まったく無視している」

そして、ついに――。

工事がすすんで、恐ろしい歯をもった巨大な頭蓋骨《ずがいこつ》と、巨大な骨が出てきた時、学者は呆然《ぼうぜん》として開いた口からヨダレをながした。

「ティラノサウルス・レックスの骨だ！」学者はつぶやいた。「あり得んことだ。日本にはまったくいないと、考えられていた、中生代末の、もっとも凶暴な恐竜が、こんな所に……」

ついに、学者は、熱を出してねこんでしまった。――二週間ちかく、高熱でうなされ、やっと恢復《かいふく》した時、彼は見まいに来た友人の学者にいった。

「君も見たろう」

「見た――信じられんことだ」友人も首をふっていった。「地質学の原則は、まったく無視されてしまっている。六千万年以上前の時代から数億年にわたって、変化する生物の化石が、つい百万年前の、それも火山灰性の、同じ地層から、かたまって出るなんて――まったく常識はずれだ」

「だが、たった一つ、このナゾをとく考え方がある」

「どんな考えだね？」

「まあ、推理してみたまえ」と学者はいった。「われわれのこの現代で、何億年前の化石から、つい数万年前の化石まで、一カ所に集められている場所が、たった一つある」

「どこだね、それは――」眉《まゆ》をひそめた友人は突然アッと叫んでひざをたたいた。「そうか！　□□□か？」

「そうだ――ぼくは、あとから、あの化石の分布図を書いてみた。古い方から新しい方へ、キチンと規則的にならんでいる」

「そうか――□□□□□□のあと――これでナゾはとけたぞ」

（後略）

問題

なぜ、違う年代の化石が同じところから見つかったのですか?

解答例は、169ページ

二四　満腹の星

宇宙船の事故というものは、ふつうまったく救いのない状態でおこる。まわりはほとんどの場合、何億キロもの間、岩のかけら一つない、真空の空間で、暗黒の中に一面に星がかがやいていても、その星までは、ほとんど、何十光年、何百光年といった距離があるのだった。

だから、事故がおこったとき、すぐちかくに、着陸できそうな星がある、などということは、それこそ何百万分の一という僥倖《ぎょうこう》だった。――その僥倖が、ガストロ号の場合、おこったのだ。光子エンジンが、故障しはじめて、みんなは何十時間というもの、その修理に悪戦苦闘していた。だから、ガストロ号が、やみくもにつっぱしって行く方向に、かなり大きな恒星がある、ということは気づいていても、その恒星のまわりをまわる、着陸できそうな星が、すぐちかくにある、ということはだれも気づかなかった。

いよいよエンジンが手がつけられなくなって、あとは爆発をまつばかり、というときに、乗組員のひとりがやっとそれに気づいてさけんだ。

「船長！――すぐちかくに、惑星があります！　救命艇でたどりつけそうです」

「みんな救命艇にのれ！」船長は大声でどなった。「はやくしろ！　爆発までに、なるべくガストロ号からはなれるんだ。でないと、みんなガスになっちまうぞ！」

船長もあわてていたが、みんなもあわてていた。二台ある救命艇のうち、一台にギュウギュウづめにのりこみ、スペースがないので積荷をだいぶすてて、やっとのことで、フルスピードで逃げだした。

まもなく、背後ですさまじい光がひらめき、ガストロ号は、一かたまりの高熱のガスとなって、宇宙空間にとびちった。――しかし、そのころは、救命艇は、地球とほぼおなじくらいの大きさの、惑星の表面にむかって、着陸しようとしていた。

地球よりややうすいが、呼吸にこまらないぐらいの空気があった。空気中には水蒸気もあって、救命艇の装置をつかえば、飲み水ぐらいはなんとかできそうだった。その星がまわっている恒星の光も、ちょうど地球上でうける太陽の光とおなじぐらいだった。

そこまではまずまずだった。――だが、着陸して外へ出てほっとしたとき、みんなは安心のあまり、どっと腹がへるのを感じた。

「食物は？」と船長はきいた。「どのくらいある？」

「なんにもありません」と船員のひとりはこたえた。「あわててのりこむとき、積荷といっしょにすてちゃいました」

「まぬけ！」と船長はおこった。「どうしてひとりぐらい、食料とまちがえて、人間をほうり出してしまわなかったんだ！」

「そんなことをいったって、背に腹はかえられなかったんで……」

「しかしこう腹がへっては、腹を背にかえることもできん」と船長はいった。

「荷物をほうり出せといったのは船長ですぜ」

「この星にくれば、何か食物ぐらい見つかるだろうと思ってたんだ」船長はいった。「空気も水も太陽もあるんだ。食物だってあるだろう。とにかくさがしてみろ」

ところが――そこはまったく、何もない星だった。粘土のような、ぽこぽこした茶色の土が、見わたすかぎりひろがっているだけで、木一本、草一本はえていない。ところどころに、黒茶色の岩がそびえているが、動くものの姿は、雲以外なにもない。

「あいそのない星だ……」と船員のひとりはつぶやいた。「せめてドライブ・インの一軒でもあればいいのに――繁昌《はんじょう》うたがいなしだのにな……」

「つべこべいわずに、さがすんだ」と船長はいった。「ここは沙漠《さばく》でも、この先のどこかに、食物になる植物か、動物がいるところがあるかもしれない」

みんなはいくつかのグループにわかれて、八方に食物さがしにでかけた。

だが、――みんなの心の中には、着陸前にこの星を一まわりしたときにみた光景がのこっていた。のっぺらぼうで、緑のかけらもない、うす茶色の球体のことが……。

そして、着陸前に、わらにもすがる希望の目でながめた光景を、今度は絶望的に足でたしかめることになった。

――どの方角にむかって行けども行けども、地平のかなたには同じ色の、同じ風景がつづいているばかりだった。

――ぼくぼくした、ややしめった粘土のような土の平原、黒ずんだ岩……。十時間、二十時間と探検はつづけられたが、どの方向にむかったグループからも、なにか食物らしいものがみつかった、という報告ははいらなかった。飢えは、しだいにみんなの胃の腑《ふ》をむしばみはじめ、四肢から力を吸いとり、脳みそをもおかしはじめた。

「腹がへった。もうだめだ！」ひとりがキュウとなる腹をおさえて、悲鳴をあげた。

「まってくれ……もうあるけない」

「早くこい。おいて行くぞ」空腹のいらいらした声で、前を行く連中がどなった。「おきざりにされると、この星の怪物が出てきて食べられちまうぞ」

「怪物？　どこに？」空腹に目のかすんだ男は、キョロキョロまわりを見まわした。

「そいつは食べられそうか？」

みんなはかまわず、先へすすんだ。――他人のことをかまっていたら、自分もぶったおれそうだった。

「待ってくれ――」おくれた男は、息もたえだえにいった。

「おーい……」

とうとう男はぶったおれた。あえぐ口の中に、土がとびこんだ。――あわててはき出そうとして、男は妙な顔をして、そっと舌を動かした。

おくれた男の所へみんながひきかえしてみると、男は、足もとの土を、手づかみにして、むしゃむしゃ食べていた。みんなは、男が空腹のあまり、ついに気がくるったかと思ってぞっとした。――だが、その男は喜色を顔じゅうにうかべて、叫んだ。

「おい！　くってみろ。この土、うまいぞ！　うそじゃない」

みんなも、おずおずと、土をつまんで口にいれてみた。――なんと！――その土は、舌の上にさらさらととけ、なんともいえぬ、濃厚なスープのような滋味が、口いっぱいにひろがった。みんなたちまち夢中になって、土をむさぼりくった。ほかのグループにも、すぐ無線で知らせてやると、あっちこっちから歓喜の声がかえってきた。

「食べ物がどこにも見つからないと思ったら……」ひとりがげっぷをしながらうなった。

「なんと、この星全体が食えるんだ！――大きすぎて見つからなかったはずだ」

「岩を食ってみろ、甘いぞ！」ひとりが叫んだ。「それにこの土、色のちがうところは、別の味がするんだ」

みんなは狂喜した。おそらくこの星に、ずっと昔さかえた生物——それは地球上の微生物のようなものだったろう——が、この星の大気と岩から、こういったたくさんの有機物をつくり出し、そしてほろんでいったのだろう。地球の上にも、大昔の微生物がつくりあげた、巨大な鉄鉱や石炭の層がある。

「これで当分は、この星の上でくらせる」いっぱいになった腹をポンポンたたきながら、ひとりがいった。「そのうち救いもくるだろう」

「それにしてもうまい星だ……」と別の男は、岩をつまんでなめながらいった。「今度くるときは、宇宙船いっぱいのソースやこしょうや、ケチャップや調味料をもってきて、空からふりかけようじゃないか」

そのうち、ひとりが、たってみんなからちょっとはなれた所へ行った。——しかし、しばらくすると、バンドをゆるめたまま、まっさおになって、かえってきた。

「みんな——安心してばかりもいられないぞ」とその男は脂汗をうかべながらいった。

「どうした?」とみんなはきいた。

(後略)

問題

どうして、安心してばかりもいられないのですか？

解答例は、１７１ページ

二五　猫か空き巣かマイコォか

彼が真夜中にアパートの扉を開けると、頭に猫耳をつけた中年の髭面《ひげづら》の男が机の上を物色していた。頭の猫耳は変装のつもりなのだろうか。ご丁寧に頬に猫ひげまで描いてある。彼と男の視線が中空でぶつかると同時に両者は一斉に脂汗《あぶらあせ》をかいた。状況が理解できないとき、人は妙な行動をとってしまうものである。無人のはずの部屋に猫耳を生やした髭面の男がいれば、誰でもそうなるだろう。

「誰だお前は……」と彼が問うと同時に、猫耳の中年男が「待て」と叫ぶように言った。

「待て、落ち着け。お前の考えていることはわかる。自分の部屋に見知らぬ男がいたら……空き巣ではないかと疑う気持ちも確かにわかる」

「空き巣……なのか……」

猫耳の男は、苦い顔で首を横に振った。

「違う……断じて空き巣などではない……」

「では、お前は……」

「俺は……」

男は眉間《みけん》にしわを寄せて、汗を流し続けていた。沈黙が訪れること五秒、男はようやく口を開いた。

「信じられぬかもしれないが……」

「ああ」

「俺は……未来から来た……そう…そうだ、お前の子孫に送り込まれた……」

「……いや待て」

「猫型ロボットだ！」

猫耳の男はこぶしを握り締め、裂ぱくの声で名乗り上げた。そして沈黙が訪れる。息苦しい気配の中、髭面の男の所作《しょさ》を油断なく注視しながら、彼はおもむろに携帯電話を取り出した。通報するつもりなのだ。

髭面の男は、その表情に深い影を作りながら「待て！」と彼の行動を制止する。

「落ち着け……これは千載一遇のチャンスなのだ……いいか……俺を空き巣だといって警察に突き出すのは簡単なことだ…誰だってできる……子供だってできる……だが考えてみろ……もしも……俺が本物の某国民的猫型ロボットだったらどうするのだ？　もしそうなら……お前は今未来技術を……いや世界を手にしたも同然だろう……試さないのか……俺の力を、もう一度よく考えろ……試せ……試してみるんだ……！」

「だがあの国民的某猫型ロボットは……頭に猫耳など……生えていないだろう」

猫耳の男は無言で猫耳カチューシャを取り外し、机の上にことりと置いた。携帯電話でいつでも通報できるように身構えながら、髭面の男に彼は言った。

「今更《いまさら》外しても……やはり、通報するしか……」

「落ちつけ、ノ〇タくん！」

「俺はノビ〇などという名前ではない……！」

「君は……君は実にバカだな！　その、なんだ、君の名前は、知らん、もうマイケルでいい、君は実にバカだなマイケル！　このマイケル野郎が！」

携帯電話を掲げたまま、マイケル（仮）は戦慄《せんりつ》した。わけのわからぬ男に遭遇したかと思えばマイケル呼ばわりされる、これに動揺せぬ男はおるまい。自称猫型ロボットは続けた。

「今、君は俺を空き巣だと思ってるかもしれないが、気づかないのか、今二つの選択肢が五十％の確率で、この部屋に存在していることに……君が決めつけない限り、俺は五十％の確率で某国民的猫型ロボットになれるんだ！　シュレディンガーの猫的にはそうなるんだ！　量子力学を信じろよ！　だから曇りなき眼でもう一度俺をよく見ろ……マイケル……君という観測者の目に俺は……どう映って見える？」

自称猫型ロボットは妙な理屈をこねまわし、瞳に熱い炎を燃やして主張した。それに対して彼は冷徹に思ったままの返答をした。

「空き巣に見える」

「聞かなかったことにしてやる。もう一度聞くぞ、マイケル、君の目に――」

「空き巣だ」

「試せよ！　俺の！　未来の力を！」

自称猫型ロボットがマイケル（仮）の胸ぐらをつかみながら叫んだ。自称猫型ロボットの肩は震えていた。見れば彼の瞳は――涙でぬれていた。慟哭《どうこく》の声が部屋中に響き渡る。

「試してくれよ、マイケル！　俺を、俺を信じてくれよ！　俺にチャンスをくれ！　俺には妻も子供もいるんだ！　こんなところでお縄になるわけにはいかねぇんだよ！　猫型ロボット的によぉ！」

「……猫型ロボットなのに妻子持ちなのか……」

「それは、ほら、未来に、ほら、いるっていうか、わかるだろ、ほら、あれだよ、頼むよ、マイケル！」

「……わかった。わかったよ。手を放してくれ」

マイケル（仮）は根負けしたように、答えた。それから携帯電話をポケットにしまった。そして自称猫型ロボットをじっと見つめた。

「自称猫型ロボットの男よ」

「オーケイ、なんでも言ってくれよマイコォ」

発音がよくなっている事が、マイケル（仮）の心をざらつかせたが、彼はこらえた。

マイケル（仮）は部屋を見渡した。壁には何かのアニメのキャラクターのポスターが張られていて、棚にはフィギュアが飾られている。猫型ロボットはおそらくこの部屋を物色する際に猫耳を見つけたのだろう。だがその変装に何の意味があったのか。いや、それはおそらく考えても詮《せん》無きことなのであろう。

マイケル（仮）は机の鍵付きの引き出しを見た。

「実はその机の鍵をなくしてしまって困ってる。未来の技術で開けて見せてくれないか」

「任せてくれ、マイコォ。俺の未来力《みらいぢから》を見せてやる」

自称猫型ロボットは手に持っていた薄汚れたカバンから、何かを取り出した。そして真剣極まりない目でマイケル（仮）を見つめると、やおら叫びだした。

「てってれてってってってー！」

「効果音とかそういうのはいいから……」

「超未来型バールのようなものォ！」

「早く机の鍵を開けろよ」

「オーケー、マイコォ。君は実にせっかちだな。あっちのほうも早いんじゃないのか？」

「ぶち殺すぞ」

自称猫型ロボットは非常に手慣れた手つきでバールを使って机の引き出しの鍵を壊した。それから自称猫型ロボットは引き出しをがたがたと荒っぽくひっぱり、「クソが……」と毒づきながら、無理やりこじ開け、それから振り返ると、額の汗を手で拭《ぬぐ》いながら、ニコォ……と野蛮な微笑みを浮かべた。

「俺の未来力にかかればこんなものよ。未来の人間は鍵など使わない、バール一本で十分なんだぜ……わかるか、マイコォ……結局物理が最強なんだよ……」

「そうか、未来ってなんなんだろうな」

「ところで、だ。マイコォ……俺は、な。用事ができてしまって未来に帰らなきゃいけなくなった。その……どら焼き……どら焼きを買わなければいけなくなってな」

「……そうか」

「短い間だったが、楽しかったよ、マイコォ。俺は帰るけど、その……この時代の警察？みたいなあれには連絡しないでくれよ、未来力で助けてやったろ？」

「ああ、警察には電話しないよ。約束する」

マイケル（仮）が素直に答えると、自称猫型ロボットは「すまねぇな」と答えた。

「じゃあ俺、行くから、な」

「ああ、早く出てけ」

「今日見たことは忘れてくれよ、マイコォ」

「わかったよ、猫型ロボット」

自称猫型ロボットの男は安心したように部屋を出ていった。マイケル（仮）はやれやれとため息をついた。やっと邪魔者がいなくなってくれた、と安心したのである。だがその時、自称猫型ロボットが戻って来て、小さな声で言った。

「絶対だぞ、マイ――」

「分かったからさっさと消えろ！」

マイケル（仮）は思わず声を荒立てた。

自称猫型ロボットは悲しげな顔で帰って行った。玄関から、夜の闇の中に消えるように。

部屋にはマイケル（仮）だけが残された。

マイケル（仮）は深呼吸した後、おもむろに机の引き出しの中をあさり始めた。そして茶封筒を見つけた。

「いまどきタンス預金なんかしてるやつもまだいるんだな、一、二、三……クソ、しけてんなぁ」

（中略）

マイケル（仮）に自称猫型ロボットは警察に電話するなと言ったが、マイケル（仮）がそんなことをするはずはなかったのだ。

（後略）

問題

なぜマイケル（仮）は、警察に電話するはずがないのですか？

解答例は、172ページ

二六　面従腹背

「どんな具合だね?」とドノヴァンはきいた。

「やりやすそうな連中だよ」と先遣隊のジョーは答えた。「おとなしそうだし、友好的で、第一、武器らしい武器をもっていない」

「だが、警戒するにこしたことはない」とドノヴァンはいった。「今は、おとなしく見せかけているだけかも知れんからな」

「大丈夫だ。——第一、この星の連中の文明は、かわいそうなくらい低い。まだ農耕段階にとどまっていて、動力は、内燃機関はおろか、蒸気機関さえもっていない段階だ。——停滞文明……というやつだな。農業だけは、うんざりするほど洗練されている。農耕時代だけで、二十万年以上の歴史があるらしいからな……」

「で——この星の住民は、あいかわらず、木でつくって草で葺《ふ》いた家に住んでいるのか?」

「まあね——」ジョーはしぶい顔をした。「かなり小奇麗にはしてるがね。そのかわり、衛生観念はゼロにひとしく、病気はまじないでなおしている」

「ふん！」ドノヴァンは軽蔑したように鼻をならした。「それで気持のいい顔だちをしていてくれれば、こっちはなおやりやすいだろうが――やっぱり気分の問題だから」

「おとなしい、純真そうな顔をしているよ。ただ――」

「ただ――どうした？」

「やつらには、眼と耳が四つある」

「ゲェッ！」とドノヴァンは大げさにいった。「それで気持のいい顔か？」

「いや正面から見れば、おれたちと同じ顔だが、奴《やつ》らは、後頭部にも二つずつ、眼と耳がついてるんだ」

「まあいいや」ドノヴァンはいった。「そのくらいはがまんするとしよう」

住民の服装は――銀ピカづくめの宇宙服を着た地球人にくらべれば――かわいそうなくらい、まずしかった。奇妙な植物繊維の布を身にまとい、足ははだしだった。――その足が三本あるのと、後頭部の二つの眼と耳をのぞけば、この星の住民は、まったく地球人に似ていた。体は小さいが、そのやさしげでキョトキョトした顔は、非常にととのっている。
ただおどろくことは、彼らの人口の多さだった。――その星の、動物のすめる所は、ほとんど彼らの大集団に埋められていた。これだけの人数が、これだけの土地で、よくやしなっていけるものだと思わせるほど、人口密度が高かったが、寸土をあまさずたがやされた土地は、彼らの、おそろしく長い農業時代の歴史から生み出された、おそろしく洗練された農業技術によって、何とかカツカツ生きていけるだけのものは収穫できるらしかった。ただ外を歩くのに、彼らの群れをかきわけて歩くのが大変だった。

「やつらの農作物は、すてきにうまいぜ」とジョーが舌なめずりしながらいった。「一種類だけしかないが、料理によって、いろんな味がするし、分析してみたら、栄養分は実にバランスがとれていて、これだけ食べてりゃ、充分生きていける」

「ふうむ」ドノヴァンも、そのパンの実のような食物を一口ほおばってみた。「こりゃいける！――こいつを地球にもってかえったら、相当人気が出るぜ。種をわけてもらえ」

「それがだめなんだとさ」ジョーはいった。「やつらは、自分の先祖たちが、二十万年もかかって、やっとこの植物をつくり出したんで、簡単に他の星にわけるわけにはいかないといってる。栽培法も秘密だ」

「ケチな野郎どもだ」とドノヴァンはいった。「まあいい、おりを見て、ぬすみ出そう」

「しッ！」ジョーはあわてて口をふさいだ。「大きな声を出すな。やつらは猛烈に耳ざといんだ。――なにしろ、耳が四つもあるんだからな」

そのとおり――ドノヴァンが、不用意にもらしたひとことは、いつのまにか誰かにきかれていたとみえて、翌日から、ドノヴァンたちは、何となく彼らに見はられているみたいな感じがした。――見たところ、いつもとまったくかわらない様子だったが、ドノヴァンたちの行く所、妙に大ぜいの連中がゾロゾロついて歩くようになったような気がしたのだ。一人一人つかまえてみると、前とまったくかわらないニコニコ顔と、ひどく親切な態度に出くわすのだが、集団としてみていると、彼らが警戒心をもち出しているのが、よくわかるのだった。

「大丈夫だよ」とドノヴァンはいった。「こちらが太っ腹のところを見せてやれば、やがてなつくさ」

彼らは、医学らしいものを持っていなかったので、地球人のもたらした医薬品を、ひどくほしがった。――これまで薬になじまなかったせいか、つまらない薬がひどくきいた。ただ、使い方をいくら教えてやっても、彼らは我流の使い方をやめようとしなかった。彼らは、まじないと併用することによって、アスピリンで出血をとめ、下剤で死んだ人間を生きかえらせることさえした。

そうこうしているうちに、事態はいっそう悪くなった。

「やつら、おれたちに、かえってくれといっている」ジョーは憂鬱《ゆううつ》そうな顔でいった。

「ちくしょう！　とるものだけとって、おっぱらう気か！」ドノヴァンは怒った。

「おれたちが、やつらの邪魔をするんだそうだ」ジョーは首をふった。「話しかけてはいけない時に話しかけた。――農作物にまじないをかけている時に……」

「まじないだと？」

「ああ、まじないをかけないと、いい農作物ができないんだそうだ」

「そんなバカな！」ドノヴァンはいった。「やつらに、おれたちが本当は何をしにきたか、いってやれ」

ニコニコと、おとなしそうにほほえむ原住民たちを集め、ドノヴァンは、ホッとした。――笑顔には、まだ人のいい友好的なところがみちていた。話せばわかってもらえるだろう。

「おれたちは、地球軍の命令で監視にきた」とドノヴァンはいった。「君たちをではない。この星の隣りにある星を、だ。その星はおそろしい、侵略的な連中のいる星だ。おれたちは、長い間たたかって、よく知っている。地球は、君たちをやつらの侵略からまもってやろうと思っている」

「かえってくれ！」鋭い声が群集の中から起こった。――しかし、群衆はみんな、ニコニコほほえみながらうなずいていた。「隣りの連中なら、私たちの方がよく知っている。別の種族だが、私たちにとっては、おそろしい敵ではない。私たちは、長い歴史の間に、彼らとのつきあい方をおぼえた。彼らも私たちからしかけないかぎり無茶をしない。――あなたたちは、彼らとケンカしている。あなたたちがここにいれば、彼らが攻めこんでくるだろう」

「待ってくれ！」とドノヴァンはいった。「宇宙の秩序の中で……宇宙の正義のために」

「地球人よ、かえれ！」おそろしい声がいっせいに叫んだ。――にもかかわらず、広場の群集は、口を閉じ、ニコニコしていた。

「もし、地球と提携すれば、君たちに、今の生活よりももっと進んだ生活、すばらしい繁栄を……」

「地球人よ、かえれ！」

口を閉じ、あたたかい微笑をうかべた群衆の中から、誰がいうのかわからぬ怒号が、またまきおこった。

原住民にひどい目にあわされてひきあげていく宇宙船の中で、ドノヴァンはうめいた。

「なんてやつらだ！――ニコニコしているから、つい気をゆるして通りすぎたら、後からぶんなぐられる。面とむかっては、どうぞもっといてください、といいながら、どこからか、とっとと帰れという声がきこえる。――どうも原始種族というやつは、うそつきで、面従腹背《めんじゅうふくはい》で……」

「原始種族とはいえんかも知れんよ」ジョーは考えこみながらいった。「やつらはやつらなりに、おそろしく進んだ社会文化をもっていて、おれたちの方が単純すぎたのかも知れんのだ。二十万年の歴史をもつ農耕社会……あの猛烈な人口……やつらが、後頭部にも眼と耳をもっているということは、やつら同士の間で、いつ、お互い闇《やみ》うちされるかわからんような生活が長い間つづいたからじゃないか？」

「じゃ、あの腹話術は？」ドノヴァンはきいた。「あれも生活技術か？」

「術じゃないよ」ジョーは憂鬱そうにいった。「おれ、やつらの一人が服をぬぐのを見たんだ。――やつら、眼や耳だけじゃなく、腹にも、　　　」

（後略）

問題
やつらの腹は、どうなっているのですか？

解答例は、１７３ページ

二七　とっかえべえ

天秤棒の前と後ろに大きな樽《たる》をぶら下げ、その男が往来に現れた。活《い》きの良い物売りと違い、どこか胡散臭《うさんくさ》い風体だ。粋《いき》な町火消しの恰好をまねているのだろうが、うす汚れた半纏《はんてん》の刺子《さしこ》の糸がほつれ、だらしなくぼあぼあとなびいている。黒い羊が立ち上がり逃げ出してきたのかと見紛うばかりだ。

顔が判然としない。不精ヒゲが伸び放題なので、目も鼻も口もかきわけてわざわざ探し出さなければならないほどだ。

男は今にも足がもつれて転倒しそうな歩き方だった。それで道行く人はあわてて脇に飛び退いた。大樽の中身をぶちまけられたりしたらそれこそ大騒動だ。

男は自分だけは町の人と流れる時間が違うんだといわんばかりに、ゆっくり気ままにあっちにふらーり、こっちにふらーり。あけてもらった往来の空間を我が物顔で独り占めにしている。昼日中から酔っ払っているのだろうかと、誰しもが怪しんで当然だった。

「あー、危ない」、と声の矢が飛んだ。ついに前の樽が大きく揺れ、どーんと土壁にぶち当たった。壁がごそりと崩れ、もうもうと砂煙が舞い上がる。壁の中の割竹が折れ、ささくれ立った竹が辺りにパチーンと飛び散った。その反動で男は往来の真ん中につんのめり、さらに激しく砂埃が辺りにもうもうと立ちこめた。

その砂埃がしばらくたってようやくおさまると、側で固唾《かたず》をのんで立ち尽くしていた町の人が身を乗り出してぐっと目を凝らす。

男は往来の真ん中で胡座《あぐら》を組んで座っていた。そして、汚れた頬の砂をはたき落としながら、この町での第一声をこう張り上げた。

「とっかえべえ」

平和な町の空気を稲妻のようにその声は切り裂いた。

男は胸を大きく膨らませ、道行く一人一人の顔をじっくり見渡した。そしてさらにもう一つ素頓狂な大声を張り上げた。

「とっかえべえ」

すると、その声で道行く人の反応ががらりと変わった。

「ええっ。とっかえべえがやって来たぞ。とっかえべえが来てくれたのか」

声が波のようにうねりながら確実に遠くまで伝わっていく。

「この前、とっかえべえが来たのは十年も前のことだ。そうか、久方ぶりにとっかえべえがこの町になあ」

目を丸くした町衆の顔がどんどん増え続けた。

「さあ、さっさと家に戻らねば」

「そうとも、どんな取り替えをやってもらおうか、うちの宿六に相談しなけりゃ」

往来の人はそんなことを口々に話しながら、思い思いの方向にぱーっと散らばっていった。蜘蛛《くも》の子を散らすようとは良く言ったものだ。

往来の真ん中にはいつの間にか、大きな樽が二つでんと据えられ、とっかべえと下手《へた》な字で書かれた旗指物《はたさしもの》が風にばたばたせわしなくなびいている。

何とも大仰な演出だった。並みの物売りの目立ち方ではない。

とっかえべえと呼んだその男は、まん丸い満月のような顔をあちこちに向けながら、一番目の客を目で捜し始めた。

すると小さな男の子が目をきらきら輝かせて走ってくるのが見えた。男はにこにこして、それを剛毛に隠された小さな点のような目で追った。

(あの子が一番かな)

けれど予想は裏切られた。どんどーんと地鳴りが響いて反対方向から駆けつけてきた大男が先にとっかえべえの前に姿を現した。

「何でも取っ替えてくれるんだろ、とっかえべえさん」

「あぁ、何でもな」

大男がとっかえべえの目の前に突きだしたのは刃のこぼれた斧だった。

「俺の大切な道具が駄目になってしまってのぉ。どうじゃい、新しい斧と取り替えてくれんかのぉ」

とっかえべえは大きな身ぶりで答えた。

「おやすいご用じゃ」

「お代は、値上がってないんじゃろうなあ」

「もちろん、たったの一文で」

大男はとっかえべえをぎゅっと抱きしめた。

とっかえべえは、嫌がって身体を振ったが遅かった。

「なら、早く取り替えてくれんか」

「お前がわしの身体を放しさえすれば、すぐにでもやってやるから」

「そりゃそうじゃな」

大男はやっととっかえべえを解放した。とっかえべえはふらつきながら、斧を受け取ると赤い樽の中にそれをおさめた。

（とっかえ、とっかえ、とっかえべえ。願い叶えて、とっかえべえ）

口の中でいつもの呪文を唱えると、神妙に手を合わせた。大男も熊のような普段の厳《いか》めしい顔を鹿のように穏やかな顔にして祈っている。

とっかえべえがカッと目を見開くと、後ろの青い樽の中ににじり寄った。そして身を乗り出し首を突っ込んだ。

「うわっ、ありがてえ。おやじ殿、かたじけない」

とっかえべえが差し出した輝く斧を素直に手にすると、大男は飛び上がって喜んだ。

「とっかえべえさん、うちの願いも聞いとくれ」

耳元で甲高《かんだか》い声がした。振り返ると、粋な女房が話し掛けてきている。

「はいはい。何を取り替えてあげようか」

女は長い首をなまめかしく傾けながら、頭から抜けるような声を出す。身体から絶えず放射されてくる艶《あで》やかさは、周りの男の顔を次々と明るくしていくから不思議なものだ。

「亭主を取り替えてくれないか」

「亭主をかい」

「そうとも。今のこいつには愛想がつきたんだ。大事なわたしのへそくりを博打《ばくち》ですっちまうし。ちょいと色男だけど、ごまかされちゃったというわけさ。ねっ、いいだろう」

「いいだろうって、ご亭主はいいのかい」

いなせな恰好をした男が、ぼそぼそ消え入りそうな声を出した。

「あの世行きってわけじゃないんだろ」

「もちろんさ、あくまでも取り替えだから、この女房殿が思い描いた亭主を持っている女房殿の亭主に新しくおさまるって寸法さ。でも、注意しなきゃなんねぇのは、一度きりしか取り替えは出来ないからね」

「こんな最低の男はいやしないから、後悔はしないって」

「そうか、両者が合点しているんなら、とっかえべえ。よし、ご亭主。赤い樽の中に入って膝をかかえて丸くなり目を閉じて、じっと待っていてくれるかな」

「分かった。ああ、せいせいするぜ」

とっかえべえは、また手を合わせてあの呪文を唱えた。

(とっかえ、とっかえ、とっかえべえ。願い叶えて、とっかえべえ)

青い樽から現れたのは、ずんぐりとした背恰好の男だったが、女房殿はさささーっとすり寄って手を取った。

「ありがとうねぇ。噂通りの凄腕《すごうで》だね、とっかえべえさん。この旦那、気に入ったの何のって、うーん。懐《ふところ》にずしりと黄金が重いねえ」

二人はじゃれあって往来の彼方《かなた》に小さくなっていった。

「おじさん、とっかえべえのおじさん。おれの願いをかなえてくれるかな」

とっかえべえは腰を低く落とし、童《わらし》の顔を覗き込んだ。さっき一番に駆け付けようとしてくれた子だ。色白なので雛人形の上品な顔のよう。今は花が咲いたように輝いている。

「なんなりと」

「とっかえべえのおじさん、おれもおっ母が不憫《ふびん》で仕方がねぇんだ。詳しくは知らないけれど、おれが生まれたばかりの時におっ父は亡くなったんだ」

「それはそれは」

とっかえべえは、眉根を寄せて真剣に耳を傾けた。

「おっ母のことを考えると、おれの命とおっ父の命を取り替えた方がいいと思うんだ。おれよりおっ父の方が何倍も何十倍も高い銭を働いて稼ぐだろうから。おっ母を幸せにするにはそれしかないと思うんだ」

とっかえべえは、健気《けなげ》なこの子の気持ちが痛いほど分かった。

「その気持ち、信じていいんだね」

「客の願いは無条件なんでしょ。みんなそう言ってた」

「一本とられたね」

「極楽のおっ父をこっちに呼び寄せてくれるよね」

とっかえべえは、これには弱り果ててしまった。長い間懐に手を入れて、真っ青な大空を仰いだ。思いは複雑だった。

「よし。願いを聞いてあげよう。それでお前の心が安らぐのなら、それも善《よ》しとせねばな。それじゃ、行ってらっしゃい。赤い樽に入って、目を瞑《つむ》って」

とっかえべえは、涙をこらえてやっと決心した。

（とっかえ、とっかえ、とっかえべえ。願い叶えて、とっかえべえ）

青い樽に近寄ってのぞき見ると、先程の童がうずくまっている。赤い樽から青い樽に移っただけで、男の子の父親の姿は見えない。

「ええっ、ここが極楽なの。まさか。変わってないよ、おじさん、どうしちゃったの、これって」

とっかえべえは、首を何度も前に倒しながら童に優しく声をかけた。

（中略）

「……。昔、　　　　　　　　　　今それを思い出した」

とっかえべえの大粒の涙の中に、男の子のとまどう顔がいくつも浮かんでいた。

問題
なぜ、男の子の父親との取り替えはできなかったのですか？

解答例は、１７５ページ

二八　昔の義理

患者は、まだ若いらしく、どこもかしこも、ピカピカにみがきたててあった。スタイルも新しい。

「どこの具合がわるいんですか?」と、予備検査係りはきいた。

「ええ、実は――」と患者は、くぐもった声でいった。「原因がよくわからないんですが、腹の具合がわるくって……」

「ああ、そう――」予備検査係りは、カードに、パンチをいれて、患者にわたした。「じゃ、これをもって、次の部屋へ行ってください」

次の部屋へ行くと、中年スタイルの医師が患者をむかえた。――オールドタイマーほどの貫禄《かんろく》もなく、若者らしい、スタイルのフレッシュさもなかったが、どこを見ても、堅牢《けんろう》そうで、かえって実用的な信頼感をあたえる。

「どうぞ――」中年の医師は、カードをうけとりながら、眼の前のベッドをさした。「そこに横になってください」

「腹具合がおかしい上に、全体に気分が悪いんです」と患者はうったえた。

カードをながめた医師は、二つ三つ、患者に質問して、それからブザーをおした。

「脳波をしらべてみましょう」と医師はいった。「圧力系が全般的に上っているようですな。――伝導系も、少しおかしい」

頑丈な看護婦が、機械をおしてあらわれた。医師は、機械から、コードをひっぱりだすと、尖端《せんたん》のジャックを、患者の耳の後ろについている、小さなソケットにつっこんだ。

「ああー」機械のメーターと、オシログラフをよみながら医師はいった。「やっぱり、思ったとおりだ」

それから、医師は、看護婦をふりかえった。

「手術室は、どこかあいているかね？」

「オーバーホール場は、いま、架台がみんなふさがってます。――一時間後にあきますが――」

「簡単な手術だから、オーバーホール場でなくてもいい。第三修理室は？」

「あいてます」

「じゃ、そこにしよう」

「手術するんですか？」と、患者は不安そうにきいた。「どこが悪いんです？」

「簡単な手術です、アッペ――むかし風にいえば、盲腸炎ですかな」と医師はいった。

「すぐすみます。一度とっておけば、あとは何の障害もおこりませんよ」

用意ができました、と看護婦が知らせてくると、命令をきいた、車付寝台は、患者をのせたまま、自分でゴロゴロと第三修理室へはいっていった。——中は、機械油とオゾンのにおいがして、変圧器類がブウンとうなっている。

「では、あなたのマスターキイを、拝借します」医師は手を出した。「大丈夫です。私の腕を信頼してください」

患者の首につるしたマスターキイをうけとると、医師は、みぞおちのところにあるキイホールにつっこんで、電源を切った。——同じキイで、腹部の錠をあけると、ポッカリひらいた腹腔《ふくこう》から、むっと熱気がたちのぼった。

「ネジまわし……」と医師はいった。——皿の上に、四つのビスが、カラカラと、小さな音をたててころがった。

「モンキーレンチ……」と医師はいった。「——ペンチ……ヤットコ……カッター」

息づまるような雰囲気の中で、パチン、パチンと、蜘蛛《くも》の巣のような電線が切断された。——バルブをしめ、金ノコでパイプを切ると、医師は、手をつっこんで、ソロソロと円筒形の容器をとり出し、ネジこみになったキャップをはずして、うなずいた。

「よし、——ハンダづけの用意……」と医師はいった。「トーチランプ……ハンダごて…」

手術がすんで、腹腔をとじ、マスターキイで、電源をいれて、一切がもとどおり動き出すと、医師は、ホッとしたように肩をおとした。――患者はパッチリ眼をあけた。

「すみましたよ」と医師はいって、傍《そば》のバットをさした。「あれが、あなたの病気の原因です」

バットの中には、さっきの円筒形容器の中から出された、ドロリとした液体の中の、小さな、ピンク色のソーセージのような塊《かたま》りがあった。――小さな突起が四つある。

「なんですか、あれは？」患者はきいた。「あんなものが、ぼくの腹の中にあったんですか？」

「誰でも、大がいもってますよ」と医師はいった。「あれがまあ――生物学的にいうと、いい、死んだために、あなたの体内の、伝導系と循環系のバランスがくずれたんです」

「あれはいったい、何の役に立つんです？」

「別に何の役にもたちません」

「じゃ、どうして、あんなものをくっつけとくんです」

「まあ、昔の義理でね――」医師は手に油をさしながらいった。「昔は非常に役立ったた――というよりは、われわれの恩人でしたからね。めいめい、やしなってやっているんです。単なる習慣の問題です」

「昔の義理……」患者は妙な顔をした。「どんな義理があるんです?」

「あの妙なものも、あんなに退化する前は、とても堂々とした存在でした。われわれは、――信じたくないが、学者の説では――あの妙な存在の、補助的な附随器官として、うまれてきた、というんです」

「信じられんな」若い患者は首をふった。「すると、今の関係は逆だったんですか?」

「逆ということはありません。われわれは、別に、あれに寄生していたわけではなく、あれを助けてきたんです。――ですが、最初のうちは、やっぱり、あれの力がないと、われわれは、ふえることも、生きつづけることもできなかったそうです」

「でも、今は、われわれは、ちゃんと自分で自分たちの種族をふやすことができる……」

「次第にそうなったのです」医師はいった。「進化の法則にしたがって、われわれが発達するにしたがって、彼らは、生きるための努力をわれわれにゆだね、次第に自分たち自身は退化していった。――こうして、彼らは、われわれの体内に寄生して、やしなってもらうようになり、われわれにとっては、何の役にもたたない、厄介ものになったんです」

「これの本当の名前は、なんというんですか?」と患者はいった。

「本当の名前は……」(後略)

問題

本当の名前は、何ですか?

解答例は、176ページ

二九　仙境の晩餐

「もう飽きたな」

板倉《いたくら》はメインディッシュの鹿肉を盛りつけた皿の上に、ナイフとフォークを置いた。

広尾《ひろお》で人気のこの店は、シックな木目調の内装でまとめられ、シャンデリアの明りに白いテーブルクロスがよく映《は》える。店の雰囲気は素晴らしいの一言《ひとこと》につきる。料理が気に入らないわけでもない。前菜はサーモンとバジル風味のジャガイモのテリーヌ、スープはシンプルなコンソメドゥーブル、そして肉料理は蝦夷《えぞ》鹿とフォアグラ、トリュフのパイ包み焼きというメニューに文句はない。

ただ……。

「どれもこれも食べ飽きた」

板倉はナプキンで口を拭いた。

向かいの席に座る橋本《はしもと》が困った表情を浮かべて、シャンベルタンが注がれたワイングラスをテーブルに戻した。彼は板倉の取引先の営業部長だ。

「社長のグルメ嗜好は半端《はんぱ》ではありませんね」

「めずらしく、それでいて美味《うま》い料理を食べさせる店がどこかにないかね。金に糸目はつけん」

世界三大珍味といえばトリュフ、キャビア、フォアグラだが、板倉はそんな食材では飽き足らず、海鳥をアザラシの中に詰め込んで発酵させたキビヤック、サルディーニャ島のウジ虫チーズ、猿の脳みそなど、およそ世界中の珍味を食《しょく》してきた。

「社長の願いとあれば、探してみましょう」

「頼む。これは、という料理を出す店を見つけてくれ」

「その代わりと申してはなんですが、もしお気に召して頂けたなら、今度の取引、弊社でお願いできますか」

「約束しよう」

席を立ち、橋本に送られながら店を出た板倉は、迎えのロールスロイスに乗り込んだ。ドアを閉めた橋本が腰までのお辞儀で見送る。

窓の外は、きらびやかな東京の夜景が広がっていた。


一週間が経った。

「橘《たちばな》商事の橋本様です」と秘書が電話を取り次いだ。

（社長、素晴らしい店を見つけました）

興奮した声が抜けてきた。受話器を耳に当てた板倉は胸の高鳴りを覚えた。

「どんな料理だ」

（金陵烤鴨《ジンリンカオヤー》です）

金陵烤鴨？　そんなもの教えられなくとも知っている。金陵烤鴨とは十五世紀の明《みん》の時代、アヒル料理の盛んな南京から伝えられた『烤鴨』に、南京の別称である「金陵」を冠した料理だ。ようするに北京ダックじゃないか。ばかばかしい。

「切るぞ」

（待ってください）と橋本が慌てる。

（この店は、アヒルではなく雷鳥《らいちょう》を使います）「雷鳥だって？　バカを言うな。国の特別天然記念物だぞ。食べるどころか捕獲すら禁じられている」（違法は承知です。だからこそ、北アルプスの山中にある山小屋で、近しい者にだけ雷鳥料理を提供しています）

「北アルプス？　そんな奥地にレストランがあるのか」（はい。店は黒部川の源流にあります。雷鳥が獲れて、かつ人目につかない場所をオーナーが選んだのです）

黒部川の源流と言えば秘境中の秘境じゃないか。おもしろい。板倉は思わず頬がゆるむのを感じた。

「すぐに出かけよう」

（ただ）と橋本が少し言葉を濁す。

（店までは徒歩で行くことになります。指定された登山道を通って、麓《ふもと》から一週間はかかるハードなルートです）「途中に山小屋がいくつもあるだろう」（山小屋には寄れません。夜はすべて持参のテントで寝ます）

「なぜ」（店の要求です。出す方も食べる方も違法行為ですからね。店の存在を知られないためにも、入山してから下山するまでのあいだ、どこにも立ち寄るな、とのことです）

「それはよいとして、私たちは山に入ってからなにを食うんだ」（入山してから到着までの日数を考慮すると、持っていける荷物はかぎられます。食事は携帯食とプロテインになりますが、社長、それで大丈夫ですか）

　板倉は今年で五十六歳になる。毎夜の不摂生、移動も社用車という生活ゆえに中性脂肪、皮下脂肪、コレステロール、余分なものを体に抱え込んでいるから、きびしい道中になるだろう。しかし、この機会を逃す手はない。

「かまわん。行こう」板倉は即断した。

（社長いいですか。この話はくれぐれも内密に願います。警察に知れたら私たちも共犯になりますよ）そう念を押した橋本が電話を切った。

二週間後、北陸新幹線でＪＲ富山《とやま》駅に着いた二人は、富山地方鉄道と路線バスを乗り継いで、有峰湖《ありみねこ》の東に位置する折立《おりたて》登山口に入った。ここから北アルプスを縦走し、一週間をかけて黒部川の源流を目指す。もちろん、登山計画書は提出しない。

折立を出発した二人は、太郎平《たろうだいら》小屋から薬師沢《やくしざわ》をめざした。店が指定したルートは他の登山者と出会わないように、一般的な登山道を避けていた。そのため、けもの道のごとき怪しげな山道を、時にはとんでもなく迂回《うかい》しながら進むことになる。当然、コースを案内するロープも張られていないので、ハンディＧＰＳで現在地点を確認しなければならない。整備されていない山道は荒れ果て、倒木も目立つ。ぬかるんだ地面に足を取られ、浮き石にバランスを崩す登坂は、想像以上に板倉の体力を奪った。

樹林帯を抜け、森林限界の尾根を縦走する。幾つも谷をくだり、また登る。

出発してから五日目の夜、二人は黒部川の本流とその支流、岩苔小谷《いわこけこだに》に挟まれた標高二千五百メートルの雲ノ平《くものたいら》に到達した。森林限界のハイマツ帯にある溶岩台地は日本最後の秘境と呼ばれる。今夜はここにテントを張る。

「さすがにきついな。それにこの五日間、お湯を注いで作る非常食のご飯とプロテインしか口にしていない」

板倉は疲れた足をさすった。

「最高のダイエットと思ってください。有酸素運動が脂肪を効率よく燃焼させます。しかも、長く運動すると効果がより大きい」

橋本がガスバーナーコンロで夕食の準備を始める。

「ダイエット？」

「そうです。社長はご存じないですか？　脂肪を燃焼させるには脂質は控えますが、炭水化物とタンパク質は必要です。運動の始めには、脂肪燃焼の着火剤として炭水化物がエネルギーとして使われる。さらに、タンパク質は人間の体を作る上で大事な栄養源です。東京でなら納豆や豆腐を食べたいところですが、今はプロテインドリンクで我慢してください」

「ダイエットに炭水化物は大敵だと聞いたぞ」

「運動でダイエットする場合、炭水化物の摂取不足は効果を引きさげます。炭水化物は糖質とも呼ばれ、運動をするために必要なエネルギー源です。これを消化吸収して作られるグリコーゲンがないと体脂肪は燃焼しないのです。また、脳が活動するための唯一のエネルギーも糖質です。糖質が欠乏してくれれば、その状態を脳は飢餓状態ととらえ、強い空腹感を示したり、エネルギー消費を抑える方向にはたらきます」

要するに、この苦労もすべては最高の食事にありつく前の節制ということらしい。

橋本が夜空を見あげた。

「今日みたいな星空を眺めながら、禁断の料理をつつく。極上のワインが体中にしみわたる。まさに仙境の晩餐です」

翌朝、二人は雲ノ平を出発した。雲ノ平から高天原《たかまがはら》を経由して水晶岳《すいしょうだけ》を目指す。高瀬《たかせ》川《がわ》と黒部川の急流によって浸食された辺りの山容は険しく、二本の大河が収斂《しゅうれん》する源流一帯には、高峰と峡谷だけで形成された地形が広がっている。

歯を食いしばり、励ましあい、二日をかけて、二人はついに水晶岳の山頂にたどり着いた。日本百名山の山頂からは北アルプスの大部分の山を見渡すことができる。南西に黒部《くろべ》五郎岳《ごろうだけ》の圏谷《けんこく》地形と三俣蓮華岳《みつまたれんげだけ》、北に赤牛岳《あかうしだけ》の赤い岩肌と立山《たてやま》連峰、そして足下に黒部源流部が見える。

「ついに来たな」板倉は満足だった。

「あとは沢をおりて、黒部川の源流をさかのぼった先です。体は大丈夫ですか」

「関節は痛むが、体は軽くなった気がするよ」

二人は水晶岳から四時間で黒部渓谷の谷底までくだりきった。そこから黒部川源流奥の廊下を遡行《そこう》する。ひたすらゴロゴロとした岩の川原を歩くので、登山道とは勝手が違う。

岩の上を飛んだり、よじ登ったりと、山道とはまるで異なる苦労の連続だ。眼前に立ちはだかる渓谷の岩や崖を一つずつ越えてゆく。辺りは渓谷の崖が川に迫っており、岩の突起につかまりながらつたい歩く。

左岸の岩が後退して、少し広くなった河原に出た。

「見えました」

橋本が指さす先に山小屋が見える。ようやく到着した。

苔《こけ》がむしたログハウスの扉には『浄土庵《じょうどあん》』と書かれている。いったい、雷鳥はどのように調理されるのだろうか。ロースト、煮込み、ファルシ、もしかして刺身？　板倉は思わず唾液《だえき》を飲み込んだ。

翌日の夕刻、浄土庵の煙突からかまどの煙が立ちのぼっていた。

二人の男が河原に据えたテーブルで食事の最中だった。一人は白髪混じりの中年で、もう一人はボサボサ頭の若い男だ。

「では今年最初の雷鳥君を頂くとするか」

中年男がグラスにワインを注いだ。

「ちょっと餌をまくだけで向こうから飛び込んできてくれる」

若い男がにやりと笑う。

「色、弾力、臭い。この肉はまあまあだな」

モモ肉のソテーに手を伸ばした中年男が満足げにうなずいた。

「十五世紀に明の永楽帝《えいらくてい》がアヒル料理の盛んな南京から北京に遷都した頃の話だ。北京郊外で育てたアヒルを店に納めるとき、飼い主は街までアヒルを歩かせた。最後の仕上げとして、自分の足で歩かせて身を引き締め、かつ皮が剥《は》がれやすくするためだ」

若い男がそぎ切った胸肉のローストをほおばる。

（後略）

問題
雷鳥の料理とは、どのようなものですか？

解答例は、１７８ページ

第三章　解答編

一　海よさらば――

解答例

溺れたから。
溺死したから。

解説

読解のポイント

・なぜ庭に住みついたのですか？
・タイトルの意味は？

庭に住んでいるということは、水中が苦手になったと考えられます。新しい環境に適応した魚でしょうか。魚から少し進化しているのかもしれません。タイトル「海よさらば」から、海から陸へ適応している魚であるとわかります。ですから、元の水の中ではうまく生きていけなくなったのです。

小松左京『午後のブリッジ　小松左京ショートショート全集5』（角川春樹事務所）より

二　やせたい王様

解答例

どうだ。やせたであろう。わしはついにわしの政治力によって減量に成功したぞ。

解説

読解のポイント

・なぜ王様はやせられないのですか？

・なぜ王様は戦争を始めたのですか？

王様の「国中どこへ行っても、あんなにうまそうで、ふとりそうな食物が、いっぱいあるのがいかんのだ！」というセリフの意味を考えます。王様はやせられない原因は、国が豊かであるからだと考えたようです。それで戦争をすることで、国中が貧しくなればやせられると思ったのです。とんでもない王様です。

小松左京『午後のブリッジ　小松左京ショートショート全集5』（角川春樹事務所）より

三　どうせ、おんなじ――――――――――

解答例
「なに？　昼食だって。よせ、よせ。今たべたって、どうせ、また腹がへるにきまっているよ。」

解説

読解のポイント

・下男が泥だらけの長グツを持ってきた理由は？

下男は、どうせ汚れるのだから洗っても洗わなくても同じで、だったら洗わないほうが効率がいいと言いたいようです。それならばとスウィフトは、昼食を食べてもいずれ空腹になるから食べないほうがいいという理屈でやり返したのです。

山本有三『心に太陽を持て』（新潮社）より

四　幽霊

解答例

蚊やホタルの幽霊。

解説

読解のポイント

・「二人とも、ゆうべあんなにさされたあとは、一つものこってなかった。」とありますが、なぜですか？

幽霊といっても人間とは限りません。どんな生き物にも幽霊になる可能性があります。

小松左京『午後のブリッジ　小松左京ショートショート全集5』（角川春樹事務所）より

五　職業病

解答例

どろぼう。

解説

読解のポイント

・現金をどのように扱っていましたか？
・電話の相手はどういう人ですか？
・なぜ受話器を拭いたのですか？

五万円ものお金をズボンのポケットにそのまま入れています。普通の人であれば、財布やカバンにお金を入れるはずです。ですから、ちょっと変な状態でお金をポケットにしまっていることが分かります。

そこに家の主人から電話がかかり、この場所が男の家でないことが明らかになります。自分の家でもないのにお金を不自然にポケットに入れている点や、最後に受話器を丁寧に拭いている（指紋を消している）ことから男の正体が考えられます。

古処誠二『ショートショートの広場　12』（講談社）より

六　ナポレオンと新兵

解答例

「はい、閣下。どっちもおっしゃる通りであります。」

解説

読解のポイント

・この文章はすべて日本語で書かれていますが、実際には話している言葉が異なっています。

・ナポレオンの最後の質問とは？

ナポレオンは、いつも、三つの質問を同じ順番で聞いていることを押さえましょう。聞かれた新兵は言葉がわからないので、丸暗記したことを答えるだけです。新兵が丸暗記で覚えた答えは、「食べ物と着るものは、十分にもらっているか」に対する答えです。ですので、「はい、そうです」「はい、十分です」などの答えになります。

山本有三『心に太陽を持て』（新潮社）より

七　眉から

解答例

美しさがないとあきらめていた方が、自分らしく生きていたから。

解説

読解のポイント

・彼女は本当に美しかったのですか？
・美しいと言われることをどのように感じたのですか？

監督は「眉が美しい」と言い、主人は「乳房が美しい」と言っています。ところが、それまでは誰も彼女を美しいとは言っていなかったと冒頭で描写されています。彼女は本当に美しかったのでしょうか。美しいと感じるのは、人それぞれです。彼女は「美しい」と言われることに幸福を感じていただけなのかもしれません。

川端康成『掌《たなごころ》の小説』（新潮社）より

八　早すぎる賀状

解答例

彼が亡くなったことになっているから。

解説

読解のポイント

・今年の賀状と、これまでの賀状との違いを整理します。

今年の賀状とこれまでの賀状との違いは、次の三点です。

・二十日すぎに届いた
・ふつうのはがき
・妻宛

ということは、通常の年賀状ではないということが分かります。きちんと妻に宛ててはがきが送られているので、単に忘れただけではなさそうです。とすれば、なぜ年賀状が届けられなかったのかを考えてみれば分かります。届ける相手がいなくなれば、送る必要もないからです。

小松左京『午後のブリッジ　小松左京ショートショート全集5』（角川春樹事務所）より

九　これ以上短縮できない探偵小説、または、髪の毛一本が運命の分れ目、または、超ミニ殺人ミステリ――

解答例

男の頭が、つるつるに禿げていたから。

解説

読解のポイント

・探偵が推理した殺人犯の証拠とは？
・髪の毛の根拠とは？

探偵の推理では、髪の毛一本で、殺人事件を一件ということです。ですので、船員の男は頭部に髪の毛がなかったので、（もともと髪の毛が百万本程度はえているとして）百万件の殺人を犯したと推理したのです。そんなことはありえないのですが、この探偵は本物の探偵でしょうか？　この作品はミステリーというより、探偵のへりくつを楽しむものです。

スティーヴン・リーコック『ミニ・ミステリ傑作選　エラリー・クイーン編』（東京創元社）より

一〇　オートナイ

解答例

狐の姿に戻って逃げた。

解説

読解のポイント

・消音器にフサフサと毛のようなものがはえているのは、なぜですか?

・どうして犬は、走るオートナイに吠えたのですか?

オートナイは、狐が化けた姿だったようです。「口のとんがった、妙な男」という描写と、「稲荷の社の前のアブラゲ（油揚げ）」の情景から狐だと考えられます。日本には、狐の大好物は油揚げという伝説があります。実際の狐は雑食で、油揚げも食べるそうですが、好物ということはないそうです。

ちなみに、〝試走場を音もなく走るオートバイを見ながら、「新製品には、オートナイと名づけよう」〟という記述から、オートバイと「音無い」をかけたダジャレの名前です。

小松左京『役に立つハエ　小松左京ショートショート全集3』（角川春樹事務所）より

一一　心中

解答例

亡くなった。（息を引き取った）

解説

読解のポイント

・一切の音を立てないようにするには、どうしたらいいのですか？

・永久に音も立てなくなった、とはどういう状態ですか？

夫からの手紙で「呼吸もするな」との文がありました。呼吸する音でさえ出してはいけないのであれば、生きていくことはできません。なんて悲しい母娘なのでしょう。こうなる前に誰かに相談しましょう。

川端康成『掌の小説』（新潮社）より

一二　創造の喜び

解答例

自分の力で問題を解決したことが嬉しかったから。

解説

読解のポイント

・人間とロボットの違いとは？

・タイトルの意味は？

たとえそれが既に誰かに解決されていたとしても、自分の力で解いた喜びは何ものにも代えがたい経験です。

小松左京『午後のブリッジ　小松左京ショートショート全集5』（角川春樹事務所）より

一三　灰色の袋

解答例

役に立たないから。

解説

読解のポイント

・もらった「時間」は、どんなものですか？

・「時間」をもらった後、どうなりましたか？

解説

もらった時間がどのようなものかを丁寧に読み解きましょう。時間に関する説明をみると、「頭にかぶさる。なにも見えない。なにも感じない。なにもわからない」、「ぼんやりとそんな感覚だけが続く」、「気がつくと、さっきと同じ状況が目の前に広がっている。途絶えていた時間がつながり、ふたたび動き出し、私の意識が戻って来る」と記述されています。つまり、もらった時間は何もできずにただ過ぎ去るだけなのです。私が欲しいのは、意味のある（仕事ができる）時間であって、ボーッとしている時間ではありません。

阿刀田高『奇妙な昼さがり』（講談社）より

一四　笑顔でギャンブルを

解答例

夫が亡くなったから。

解説

読解のポイント

・賭けの内容は？
・「賭けは奥さまの勝ち」とは、どういう意味ですか？

奥さまの勝ちということは、「火星に高等動物がいない」ということです。高等動物という表現をしていますが、これは人間を意味していることは長官のセリフからわかります。つまり火星に旅立った夫が亡くなったので、火星に人間はいない（到着できなかった）ということです。

阿刀田高『食べられた男』（講談社）より

一五　よびかける石

解答例

宇宙人が助けを求めたのが、およそ三億年前だと考えられるから。

解説

読解のポイント

・通信機ができたのは、いつ頃ですか？

・昔の地球は？

通信機が入っていた石は、約三億年前の化石です。ということは、おそらく宇宙人が墜落したのは三億年前だと考えられます。その頃は、哺乳類は存在せず、昆虫や爬虫類が地球を支配していました。また、山や川といった地形も、現在とは全く異なる姿をしています（大陸移動説）。ですから、探して見つけるのはほとんど困難です。宇宙人が墜落したときに助けられる生物は、その時の地球にはいなかったのです。

小松左京『月よ、さらば　小松左京ショートショート全集２』（角川春樹事務所）より

一六　無用の店

解答例

この傘を持っていると、雨にあわなくなるから。

解説

読解のポイント

・五ヵ月目に入って、男はやっとこの傘が高価である理由に思い当たったのですが、この五ヵ月間、傘はどうなっていましたか？

・友人の家に、わざとその傘を置き忘れて帰った時はどうでしたか？

無用の傘とは、傘を無用にさせる傘のことです。この商品は十万円でも格安です。

江坂遊『無用の店　ショートショート・セレクションⅡ』（光文社）より

一七　完全犯罪

解答例

この刑務所をつくって、自分がそこに入ること。

解説

読解のポイント

・完全犯罪の話と、老人の現在の状態をあわせて考えると……。

老人の話に感心してはいけません。ポイントは、中年の囚人が「いつもいつも、完全犯罪ばかりやっているンならなぜ、お前さんは今、刑務所にいるんだい？」との問いに、「この仕事（宇宙人に地球を売ったこと）と関係がある」と答えている場面です。刑務所にいる理由（のようなもの）が、「地球を売ったこと」と関係があるのですから、老人の理屈では、地球を売った代償が刑務所にいることであると考えます。このあと、老人は、勝手気ままだが孤独な生活がいやになり、贅沢にも飽きたので、自分の自慢話を聞いてくれる犯罪者仲間がいる生活がしたかった。だから宇宙人に頼んで刑務所をつくってもらって、私はここにいる、と説明しています。とんでもない老人です。でも、この話は本当でしょうか？　本当は、この老人は詐欺で捕まって刑務所に入ったのかもしれません。

小松左京『役に立つハエ　小松左京ショートショート全集3』（角川春樹事務所）より

一八　骨猫

解答例

彼女の指は、骨となっていた。

解説

読解のポイント

・「ペットは飼い主に似るって言いましたが、その逆も真なりなんですよ」とは、どういうことですか？

飼い主もペットに似てくると彼女は言っています。ペットが骨だけなのですから、彼女もだんだんと（ペットのように）骨になっていきます。彼女自身も「もともと私も食が細いものですから」とも言っています。それも原因の一つだと考えられます。

江坂遊『無用の店　ショートショート・セレクションⅡ』（光文社）より

一九　牛の首

解答例

題名とその恐ろしさだけが伝わっていて、その内容は、誰も知らない話。

解説

読解のポイント

・なぜ誰も〝牛の首〟の話をしたがらないのですか？
・「あんな、恐ろしい話は、きいたことがない」とは、どういうことですか？
「きいたことがない」のですから、そのままの意味で捉えれば、話の内容を知らなくて当然です。

小松左京『月よ、さらば　小松左京ショートショート全集２』（角川春樹事務所）より

二〇　何のアレルギー？

解答例
　彼女の存在。

解説
　読解のポイント

・ぼくの症状の経過を整理します。
・ぼくの洗面所での痒みのパターンを考えると……。

後半の洗面所での描写から、痒みの原因は食べ物や花粉のようなものではないと考えられます。そして、「ここ二、三週間、彼女と一緒に食事をするたびに、ぼくはあちこち痒くなったり目が潤んだり熱っぽくなったりしていたのだ。」の様子から、彼女と食事をしていない時は痒みがないことが分かります。とすれば、痒みの原因は彼女自身であると考えられます。そこまで無理してお付き合いしなくてもいいのに。

原田宗典『どこにもない短篇集』（角川書店）より

二一　冷蔵庫の中――――――――――――――

解答例
雪女。

解説

読解のポイント

・なぜ老人は冷蔵庫にこだわったのですか?
・なぜ冷蔵庫の中は、からっぽだったのですか?
・「瞳のない、氷のような眼」を持った人とは、どんな人でしょうか?

冷蔵庫の中には、雪女が入っていました。老人の妻はどのような人で、どういう状態かを読み解きます。老人は「妻は眠っている」と言い、「北国の女で吹雪が好きだ」と言っています。でも誰の気配もありません。老人は孤独のようです。妻は、おそらく幽霊や化物のような状態だと考えられます。わざわざ大きな電気を必要とする冷蔵庫を用意するくらいですから、寒さの中でしか生きられない雪女だと考えられます。青年が冷蔵庫を開けて、雪女は強い冷気とともに外に帰っていったようです。

小松左京『月よ、さらば　小松左京ショートショート全集2』（角川春樹事務所）より

二二　白い耳

解答例

家族は、恋によって高まった胸の鼓動も、とらえることができたから。

解説

読解のポイント

・なぜ「私」は、決して声を出さなかったのですか？

・声を出すと、どうなるのですか？

まず『私』が、どのような状況であるかを整理します。「隠し事が一つも出来ない家族の窮屈さを次第に強く感じるようになりました。それは隠し事がいっぱいある家族の悩み以上なのです。それで村を捨て家族を捨てたのです。」の描写を読み解きます。つまり、『私』は、家族から逃げてきたという状況です。そしておそらく見つかると、隆史君のように村に連れ戻されてしまいます。これは、「血統を守ろうとする力は相当のものでした」という文からも読み取れます。そして、なぜ声を出すことができないのかは、『私』の血統の特徴から分かります。どんなに離れていても声で居場所が分かってしまいます。家族から居場所を探られないようにするためには、声を出してはいけないのです。
最後に、なぜ『私』が声を出すことをしてしまったのか。それは「声だけ注意していればいいというものではなかったのです。」のセリフから分かります。『私』の胸の鼓動すら、家族に聞き取られてしまうからです。だから「恋」もしてはいけなかったのです。胸の鼓動で、すでに『私』の居場所は家族に見つかってしまったのですから、もう声を出さないように努力しても無駄になってしまったということです。

江坂遊「花火　ショートショート・セレクションⅠ」（光文社）より

二三　標準化石

解答例
太古の博物館の跡だから。

解説

読解のポイント

・「何億年前の化石から、つい数万年前の化石まで、一カ所に集められている場所が、たった一つある」それはどこですか？

・「化石の分布図を書いてみた。古い方から新しい方へ、キチンと規則的にならんでいる」のは、なぜですか？

きちんと規則的に並んでいるということは、自然にできたものではなさそうです。では意識的に集めた（集まった）とすれば、その目的はどのようなものであるか考えてみましょう。

百万年前は人類の祖先さえ生まれていないので、誰がつくった博物館かは最大の謎です。謎解きは読者に任せられています。それを考えることで、この作品がより面白くなります。

小松左京『月よ、さらば　小松左京ショートショート全集2』（角川春樹事務所）より

二四　満腹の星

解答例
排泄の場所を考えなくてはならないから。

解説
読解のポイント

・食べた後、何をしますか?

着陸した星は、空気と水（水蒸気）と光（太陽）が揃っていたようです。これで食べ物が十分あれば、しばらく心配する必要もないでしょう。しかし、生物は食べた後は、排泄をします。星全体が食べ物であるということは、食べ物の上で排泄をしなくてはならなくなります。「バンドをゆるめたまま、まっさおになって、かえってきた。」という文から、トイレで困っていることが読み取れます。

小松左京『ふかなさけ　小松左京ショートショート全集4』（角川春樹事務所）より

二五　猫か空き巣かマイコォか

解答例

マイケル（仮）も、空き巣（泥棒）だから。

解説

読解のポイント

・なぜ、マイケル（仮）は、すぐに警察に電話をしなかったのですか？
・マイケル（仮）が、部屋でしていたことは？

マイケル（仮）の行動やセリフを丁寧に読み解きます。マイケル（仮）は「おもむろに机の引き出しの中をあさり始め」ています。そして「いまどきタンス預金なんか……」というセリフから、彼も泥棒をしていることが分かります。彼も泥棒ですから、警察に連絡するはずはありません。

おかもと（仮）『5分で読める！　ひと駅ストーリー　猫の物語』（宝島社）より

二六　面従腹背

解答例

腹にも、もう一つの口があるんだ。

解説

読解のポイント

・この星の住民の特徴を整理して……。

まず、「足が三本ある」ことと「眼と耳が四つある」が描写されています。それ以外にも、農耕文化が長く続いているとか、まじないが信じられているなどの特徴があります。そして、それらの特徴が地球人より劣っているのではなく、進化している可能性もあることにジョーは気がつきました。

後半で、「やつらはやつらなりに、おそろしく進んだ社会文化をもっていて、おれたちの方が単純すぎたのかも知れんのだ。二十万年の歴史をもつ農耕社会……あの猛烈な人口……やつらが、後頭部にも眼と耳をもっているということは、やつら同士の間で、いつ、お互い闇うちされるかわからんような生活が長い間つづいたからじゃないか？」というセリフから分かります。

その考察を前提に、いくつかの場面を確認してみます。

・「かえってくれ！」鋭い声が群集の中から起こった。――しかしみんな、ニコニコほほえみながらうなずいていた。

・「地球人よ、かえれ！」おそろしい声がいっせいに叫んだ。――にもかかわらず、広場の群集は、口を閉じ、ニコニコしていた。

・「地球人よ、かえれ！」口を閉じ、あたたかい微笑をうかべた群衆の中から、誰がいうのかわからぬ怒号が、またまきおこった。

表面上の口を閉じたままでも、声を出すことができるように進化したとしたら、見えないところにもう一つ口があると考えられます。原文は、「（腹の口は）罵倒用のもので、上の口は、優雅な社会のためにあるんだな」というジョーの推測で終わっています。

小松左京『役に立つハエ　小松左京ショートショート全集3』（角川春樹事務所）より

二七　とっかえべえ

解答例

以前に童の父がとっかえべえにお願いをしていたので、同じ願いは叶えられないから。

解説

読解のポイント

・とっかえべえを実行する条件とは？

・男の子が生まれた時の状況は？

とっかえべえは一度しか効きません。粋な女房が亭主を取り替えるときの、「でも、注意しなきゃなんねぇのは、一度きりしか取り替えは出来ないからね」というセリフから分かります。そして男の子は、「詳しくは知らないけれど、おれが生まれたばかりの時におっ父は亡くなったんだ」と言っています。そこから、父の死には子供には言えない事情があったと推測できます。そこで、とっかえべえによって子供の代わりに父親が極楽に行ったと考えると、〝とっかえべえは一度しか使えない〟ことと、「昔、……今思い出した」というセリフが繋がります。冒頭で、この町にとっかえべえが来たのは十年ぶりとの描写から、この子供も十歳ぐらいと考えれば時間的にもぴったりします。

江坂遊「花火　ショートショート・セレクションⅠ」（光文社）より

二八　昔の義理

解答例

人間。

解説

読解のポイント

・ここで会話している人（?）たちは、どんな人（?）ですか?
・なぜ、手術しているのに「電源」「ネジ」が出てくるのですか?
・「われわれは別にあれに寄生していたわけではなく、あれを助けてきたんです。」とはどういうことですか?

手術と言っていますが、行っているのは「修理」です。修理の様子を読めば、ここにいる人（?）たちは人間（生物）ではなく、ロボットだと分かります。ロボットは人間を助けるために誕生しましたが、「われわれ（ロボット）が発達するにしたがって、彼ら（人間）は、生きるための努力をわれわれ（ロボット）にゆだね、次第に自分（人間）たち自身は退化していった」という文を読み解きましょう。人間の臓器の中で退化したといわれる盲腸という器官になぞらえているところまで読み解くと、面白さが倍増します。

小松左京『役に立つハエ　小松左京ショートショート全集3』（角川春樹事務所）より

二九　仙境の晩餐

解答例

板倉と橋本の肉。

解説

読解のポイント

・お店までの道のりを、わざわざ遠回りさせているのはなぜですか？

・浄土庵で食事をしているのは誰ですか？

浄土庵で食事をしている人物は、お店に向かった板倉と橋本ではないことを読み解きます。板倉と橋本は、肉を引き締め、脂肪を落として皮を取りやすくするために、一週間も歩かされたのです。雷鳥とは、本物の鳥ではなく、欲深い人間のことです。

宮沢賢治の名作『注文の多い料理店』のような雰囲気の作品です。

安生正『5分で読める！　ひと駅ストーリー　食の話』（宝島社）より

表記について

本書に掲載した作品には古いものがあり、現在に沿わない表現もありますが、原文のママとしています。

難語と思われる言葉には適宜、フリガナや注釈をつけています。

著者プロフィール

和田 幸長（わだ ゆきなが）

平々凡々な人生を歩んできた私にとって、ここに記すべきプロフィールが見当たらない。
たった一つ、東日本大震災で人生初のボランティアに参加して少しだけ社会の役に立つ事をする。
ここに、お世話になった方々へ感謝をこめて。

短文読解問題集 —もっと気軽に楽しく読書を—

2021年３月11日　初版第１刷発行

著　者　和田 幸長
発行者　瓜谷 綱延
発行所　株式会社文芸社
〒160-0022　東京都新宿区新宿１－10－１
電話　03-5369-3060（代表）
03-5369-2299（販売）

印刷所　株式会社フクイン

ISBN978-4-286-21960-8